Géographie, histoire et éducation à la citoyenneté • 4e année

ÉPOPÉES 4

Cahier d'apprentissage

Alexandre Belliard
Marie-Andrée Latendresse
Louis-Pascal Rousseau

LES ÉDITIONS CEC

9001, boul. Louis-H.-La Fontaine, Anjou (Québec) Canada H1J 2C5
Téléphone : 514-351-6010 • Télécopieur : 514-351-3534

Direction de l'édition
Caroline Viel

Direction de la production
Danielle Latendresse

Direction de la coordination éditoriale
Rodolphe Courcy

Charge de projet
Julie Provost
Jean-Benoit Cormier Landry
Diane Legros

Recherche iconographique
Éliane Bélanger
Isabelle Correia

Révision linguistique
Julie Provost

Correction d'épreuves
Isabelle Roy
Nicolas Therrien

Conception et réalisation graphique
Chantale Richard-Nolin

CHANTALE
RICHARD-NOLIN
DESIGNER GRAPHIQUE

Réalisation des cartes
Les Studios Artifisme

REMERCIEMENTS

Les Éditions CEC tiennent à remercier les consultants scientifiques et pédagogiques pour leur contribution essentielle à la réalisation de cet ouvrage.

Consultation scientifique
Virginie Martel, professeure, Département des sciences de l'éducation, Université du Québec à Rimouski, campus de Lévis

Consultation pédagogique
Myriam Boutin
Enseignante, Commission scolaire des Draveurs
Rachel Cloutier
Enseignante, Commission scolaire de la Pointe-de-l'Île
Joanie Gilbert
Enseignante, Commission scolaire des Premières Seigneuries
Émilie Sirois-Bruneau
Enseignante, Commission scolaire des Navigateurs

Illustrations

Claude Bernard: page 86

Aurélie Laget: pages III, IV, V, VI, VII, 4, 6, 8, 9, 20, 21, 22, 27 (D), 29, 32, 33, 34, 36 (ADEC), 37, 41, 42 (BD), 43 (H), 44, 45, 46, 49, 53, 56 (C3-4-5), 57, 58, 59, 61, 62, 63, 64, 65, 66, 67, 68, 69, 71, 72, 73, 74, 75, 76, 79, 80, 83, 85, 87, 89, 91, 93 (B), 94, 95, 97 (2), 99, 102 (B), 124, 125, 126, 129, 130(B), 133, 134, 135, 137, 138, 141, 142, 143.

Jacques Lamontagne: pages 92, 93 (H), 96, 108, 109, 110, 131, 132.

Luc Normandin: page 27 (3e).

Michel Rouleau: page 25.

Épopées, Cahier d'apprentissage, 4e année
© 2020, Les Éditions CEC inc.
9001, boul. Louis-H. Lafontaine
Anjou (Québec) H1J 2C5

Dépôt légal: 2e trimestre 2020
Bibliothèque et Archives nationales du Québec
Bibliothèque et Archives Canada

ISBN: 978-2-7662-0153-2
ISBN: 978-2-7662-0154-9 Cahier, version maZoneCEC, accès 1 an, livraison postale)

Table des matières
4e année

Présentation
de la collection

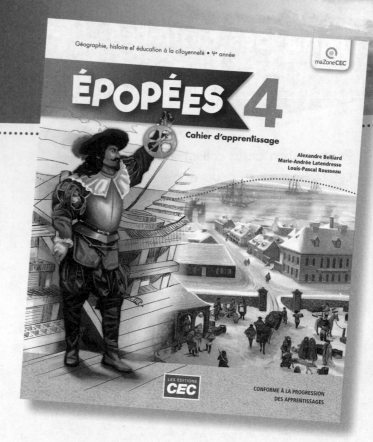

La collection Épopées te permettra de découvrir la vie des gens qui ont habité le territoire du Québec et de comparer cette société à d'autres sociétés dans le monde à différentes époques. Les cahiers de cette collection proposent de grandes cartes géographiques ainsi que des exercices variés et amusants pour mettre en pratique tes apprentissages. Dans ce cahier, tu découvriras des personnages historiques. Chacun te présentera son histoire et son époque. Tu y apprendras de quelle façon le territoire que l'on appelait la Nouvelle-France s'est développé de 1645 à 1745. Tu verras aussi l'évolution des sociétés française et canadienne sur ce territoire.

Les techniques en géographie et en histoire

Les pages liées aux techniques en géographie et en histoire contiennent des informations utiles pour lire différents types de cartes géographiques. Tu y trouveras aussi des conseils sur la façon d'interpréter une ligne du temps, des documents visuels et des diagrammes.

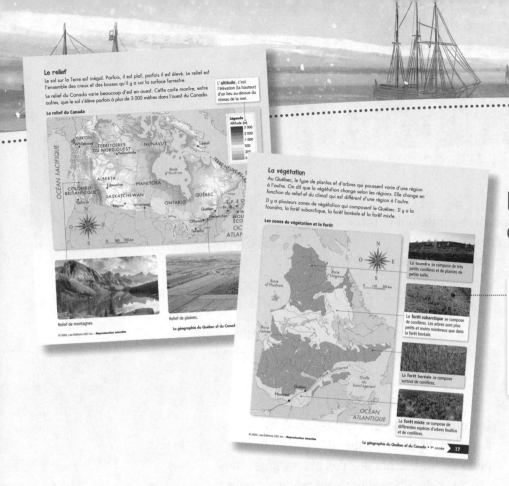

La géographie du Québec et du Canada

De grandes **cartes géographiques** te sont proposées pour te situer et comprendre les caractéristiques du territoire du Québec et du Canada, par exemple, le climat, le relief, les cours d'eau et la végétation.

Les grandes scènes d'ouverture

Chaque chapitre s'ouvre sur une **scène historique**. Un grand nombre de détails te permettront de comprendre comment vivaient les gens à cette époque.

Des **questions** te sont proposées pour susciter la discussion en classe.

Une **ligne du temps** te permet de situer chronologiquement chaque événement marquant.

Les personnages historiques

Chaque unité est présentée par un **personnage historique** qui te racontera son histoire et de quelle façon il ou elle a marqué son époque.

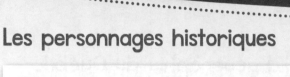

Des notions en images et des exercices en contexte

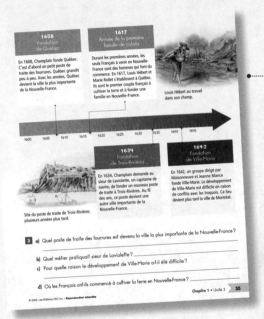

Le cahier propose des textes courts et faciles à lire. Au fil de ta lecture, des lignes du temps illustrées, des schémas, des diagrammes, des photos et des illustrations sont présentés pour t'aider à bien comprendre.

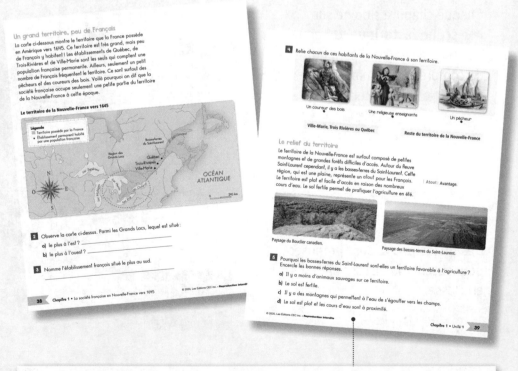

Dans chaque unité, des exercices variés et amusants te sont proposés pour mettre en pratique tes apprentissages.

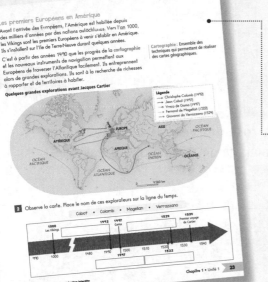

Cartographie : Ensemble des techniques qui permettent de réaliser des cartes géographiques.

Pour t'aider au fil de ta lecture, tu verras des mots moins familiers en bleu. Ces mots en bleu sont définis dans la marge. Ils sont aussi présentés, en ordre alphabétique, à la fin de ton cahier, dans le glossaire.

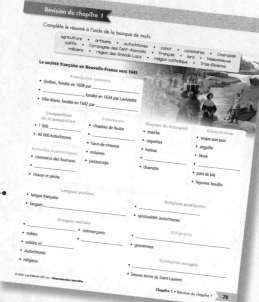

Chaque chapitre comporte une page de révision pour t'aider à bien comprendre la matière étudiée.

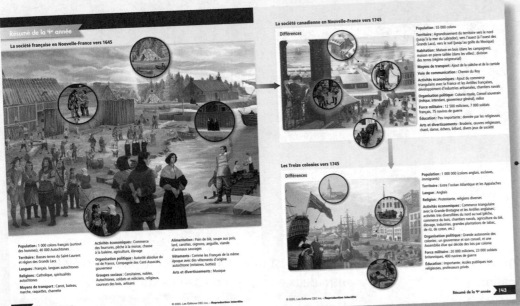

À la fin de ton cahier, tu trouveras un résumé du contenu du cahier en images.

Les techniques en géographie et en histoire

Interpréter une carte géographique

Une carte géographique, c'est la représentation d'un territoire ou d'une partie de territoire.

Le **titre** montre le **sujet** qui est représenté par la carte à une **date** ou à une **période** donnée.

La **rose des vents** indique les quatre points cardinaux (nord, sud, est, ouest).

La carte du Canada de nos jours

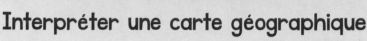

Groenland (Dan.)

N
O   E
S

Alaska (É.-U.)

YUKON

NUNAVUT

TERRITOIRES DU NORD-OUEST

Mer du Labrador

OCÉAN PACIFIQUE

ALBERTA

COLOMBIE-BRITANNIQUE

Baie d'Hudson

TERRE-NEUVE-ET-LABRADOR

MANITOBA

QUÉBEC

SASKATCHEWAN

ONTARIO

Î.-P.-É.

N.-B.

NOUVELLE-ÉCOSSE

ÉTATS-UNIS

OCÉAN ATLANTIQUE

Légende
— Frontières internationales
----- Frontières provinciales

0   285   570 km

La **légende** explique ce qui se trouve sur la carte. Elle donne la signification des symboles utilisés sur la carte.

L'**échelle** est utile pour calculer la distance réelle entre deux endroits représentés sur la carte.

Interpréter une carte historique

La carte historique montre une situation du passé. Elle peut illustrer des batailles, des voyages d'exploration ou des déplacements de population. Elle a souvent un titre, une légende et une échelle : tu dois en tenir compte pour bien lire et interpréter la carte.

Les grandes explorations

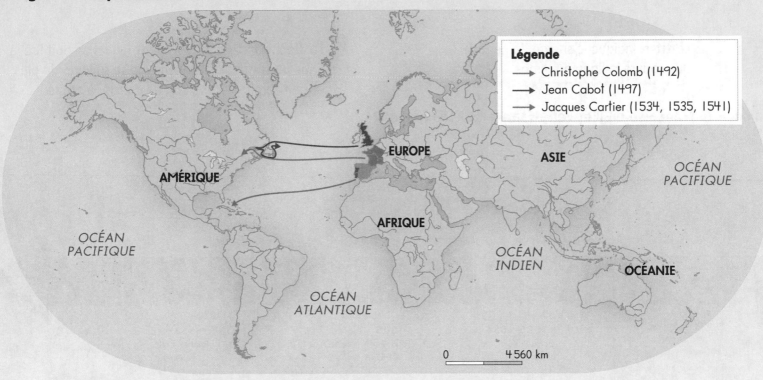

1 À l'aide du titre, indique ce que cette carte représente. _____

2 Utilise la légende et observe la carte.

a) Quel explorateur a atteint l'Amérique en premier ? _____

b) En 1497, un explorateur anglais a visité l'Amérique. De qui s'agit-il ? _____

c) Quelle est la couleur du trajet de l'explorateur venu trois fois en Amérique ? _____

3 Par rapport à Jean Cabot et Jacques Cartier, Christophe Colomb a navigué...

☐ ... plus au sud.   ☐ ... plus au nord.   ☐ ... plus à l'est.   ☐ ... plus à l'ouest.

4 De quel continent sont partis les trois explorateurs ? _____

5 Quels deux explorateurs ont navigué le plus près du Québec ? _____

Interpréter une ligne du temps

La ligne du temps est un outil qui permet de présenter des événements passés dans l'ordre chronologique, c'est-à-dire du plus ancien au plus récent.

Le **titre** indique le sujet et la période que couvre la ligne du temps.

La **flèche** indique le sens dans lequel on doit lire la ligne du temps : les événements se suivent, du plus ancien au plus récent, soit de gauche à droite.

La société française en Nouvelle-France, de 1534 à 1642

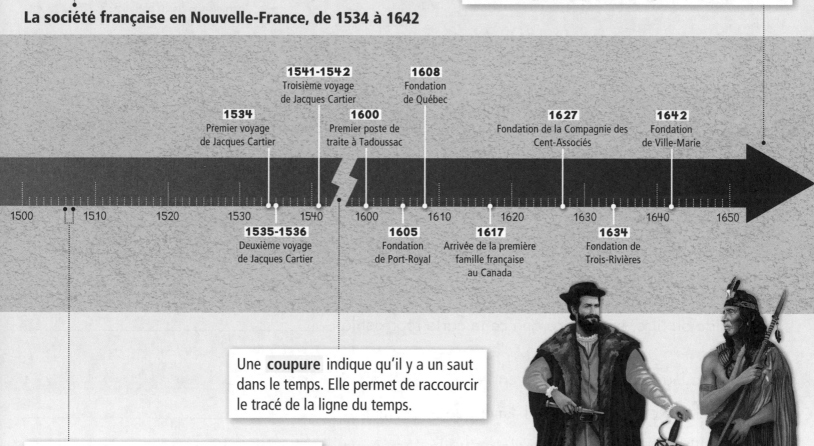

1541-1542
Troisième voyage
de Jacques Cartier

1608
Fondation
de Québec

1534
Premier voyage
de Jacques Cartier

1600
Premier poste de
traite à Tadoussac

1627
Fondation de la Compagnie des
Cent-Associés

1642
Fondation
de Ville-Marie

1500 1510 1520 1530 1540 1600 1610 1620 1630 1640 1650

1535-1536
Deuxième voyage
de Jacques Cartier

1605
Fondation
de Port-Royal

1617
Arrivée de la première
famille française
au Canada

1634
Fondation de
Trois-Rivières

Une **coupure** indique qu'il y a un saut dans le temps. Elle permet de raccourcir le tracé de la ligne du temps.

L'**intervalle** est l'espace de temps entre deux dates. Ici, les intervalles sont de 1 an. On écrit ensuite des dates sous la ligne pour se repérer.

Construire une ligne du temps

1 Détermine le sujet et la période que tu veux représenter avec une ligne du temps.

Les grandes explorations de l'Amérique de 1490 à 1530

2 Sélectionne les événements à placer et leur date.

Voyage de Christophe Colomb (1492), voyage de Jean Cabot (1497), voyage de Vasco de Gama (1497), voyage de Fernand de Magellan (1522), voyage de Giovanni da Verrazzano (1524).

3 Calcule la durée à représenter.

Je calcule la différence entre le dernier événement (1524) et le premier (1492).
J'arrondis à la hausse. 1524 – 1492 = 32 ans. La ligne couvrira 40 ans.

4 Trace la ligne.

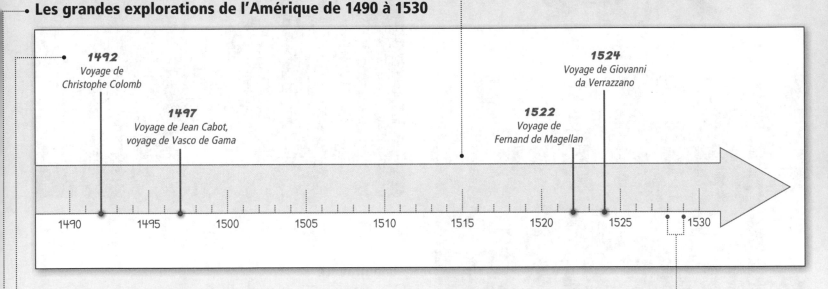

● **Les grandes explorations de l'Amérique de 1490 à 1530**

5 Détermine l'**intervalle**.

L'intervalle est de 1 an.

6 Note les **événements** sur la ligne du temps.

7 Donne un **titre** à ta ligne du temps.

Interpréter un document visuel

Il existe une grande variété de documents visuels qui permettent de bien voir et de comprendre le mode de vie de nos ancêtres. Les documents visuels sont des photographies, des peintures, des gravures ou des illustrations. Tu peux tirer beaucoup d'information d'un document visuel, il t'aidera à mieux comprendre le texte qui l'accompagne.

une **illustration**

une **photographie**

une **gravure**

Observe ces documents visuels.

1 Quel type de document visuel t'est le plus utile? _____

2 Pourquoi? _____

_____

1 Observe ce document visuel. Détermine la nature du document.

_____

2 Détermine le sujet principal.

_____

3 Détermine le lieu de la scène, les personnages et la situation. Pour t'aider, tu peux te poser les questions suivantes :

• Où se passe l'action ? _____

_____

• Quels personnages sont illustrés ? _____

_____

_____

• Que font-ils ? _____

_____

_____

_____

_____

Interpréter un diagramme

Le diagramme permet de présenter visuellement des informations de façon claire et précise. Il existe différents types de diagrammes, par exemple : le diagramme circulaire ou le diagramme à bandes.

Un diagramme circulaire

Dans un diagramme circulaire, chaque secteur, ou partie de cercle, correspond à une partie d'un tout. Par exemple, dans ce diagramme, la partie bleue du cercle correspond au nombre de personnes qui ont le français comme langue maternelle au Québec. Ce diagramme te permet donc de voir, en un coup d'œil, que les personnes qui ont le français comme langue maternelle sont beaucoup plus nombreuses au Québec que dans toutes les autres provinces canadiennes réunies.

Nombre de personnes au Canada qui ont le français • • • • • • • • • • comme langue maternelle (en 2016)

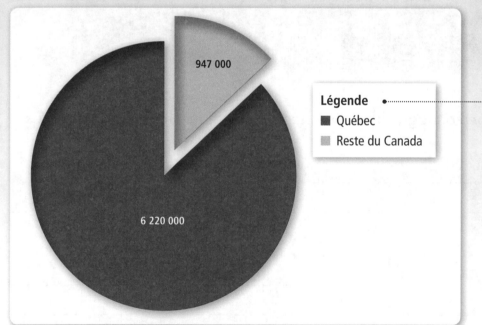

947 000

6 220 000

Légende • • • • • • • • • •
■ Québec
▨ Reste du Canada

Le **titre** t'informe sur le sujet du diagramme et sur le lieu ou l'époque qu'il concerne.

La **légende** t'indique, à l'aide de couleurs, les groupes représentés dans ce diagramme.

Observe le diagramme circulaire.

1 Quel est le titre de ce diagramme circulaire ?

_____

2 Combien de Canadiens ont le français comme langue maternelle mais n'habitent pas le Québec ? _____

Un diagramme à bandes

Le diagramme à bandes permet de représenter des quantités par une longueur de bande. Chaque bande correspond à une quantité. Par exemple, ici, cela te permet de voir les populations représentées et de facilement les comparer.

Le **titre** t'indique le sujet et la période représentés dans le diagramme.

Population des trois principales villes de la Nouvelle-France en 1745

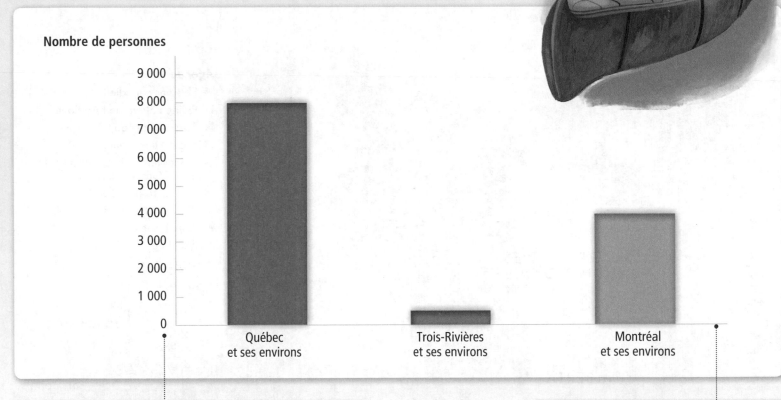

Nombre de personnes

L'**axe vertical** correspond aux quantités représentées dans ce diagramme.

L'**axe horizontal** représente les villes représentées dans ce diagramme.

Observe le diagramme à bandes.

1 Quel est le titre de ce diagramme à bandes ?

_____

_____

2 En 1745, quelle ville avait la plus petite population ?

_____

La géographie du **Québec** et du **Canada**

La géographie du Canada

Le territoire du Canada comprend plusieurs grandes régions naturelles. Chaque région se distingue par son relief, ses étendues d'eau, son climat et sa végétation.

Les régions naturelles du Canada

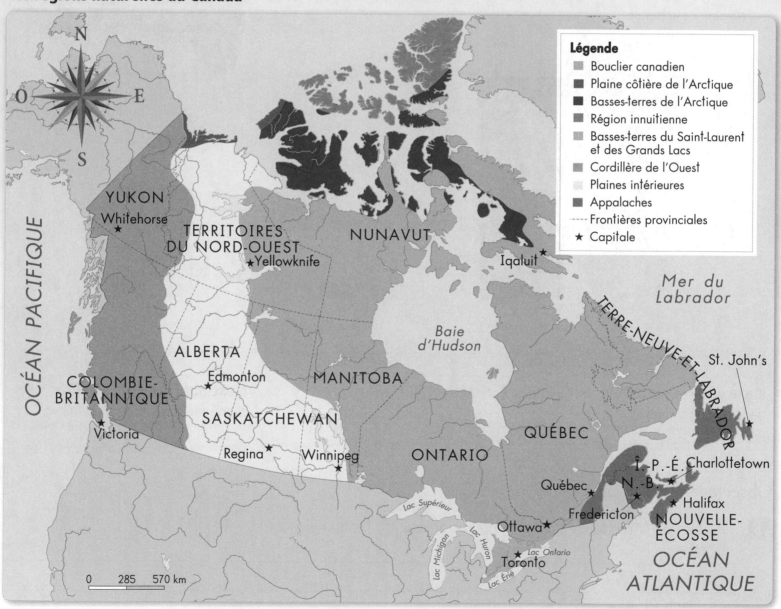

Légende
- Bouclier canadien
- Plaine côtière de l'Arctique
- Basses-terres de l'Arctique
- Région innuitienne
- Basses-terres du Saint-Laurent et des Grands Lacs
- Cordillère de l'Ouest
- Plaines intérieures
- Appalaches
- --- Frontières provinciales
- ★ Capitale

Le relief du Canada

Le sol sur la Terre est inégal. Parfois, il est plat, parfois il est élevé. Le relief est l'ensemble des creux et des bosses qu'il y a sur la surface terrestre.

Le relief du Canada varie beaucoup d'est en ouest. Cette carte montre, entre autres, que le sol s'élève parfois à plus de 3 000 mètres dans l'ouest du Canada.

> L'**altitude**, c'est l'élévation (la hauteur) d'un lieu au-dessus du niveau de la mer.

Le relief du Canada

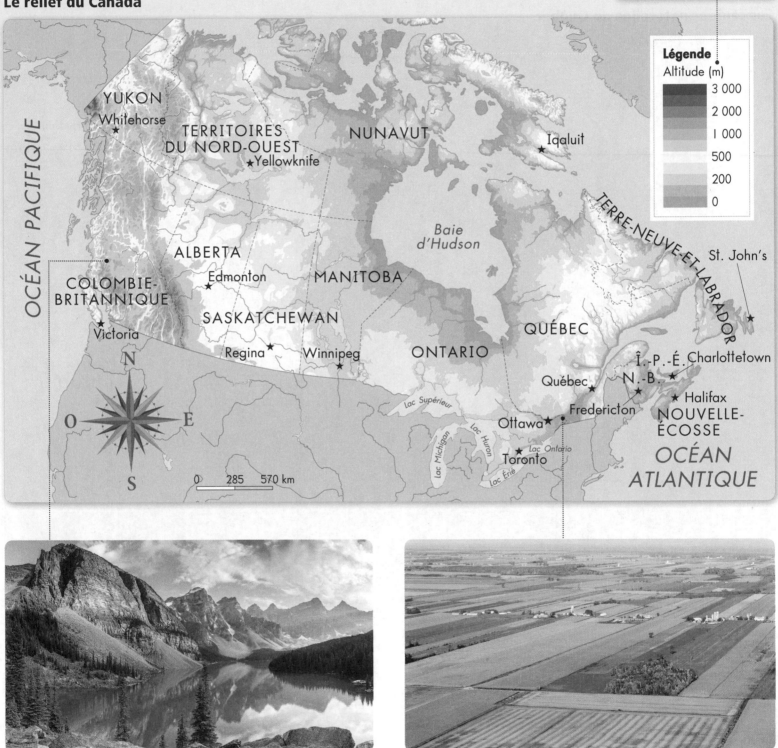

Relief de montagnes.

Relief de plaines.

La géographie du Québec

Le territoire du Québec comprend plusieurs grandes régions naturelles :

- le Bouclier canadien ;
- les basses-terres du Saint-Laurent ;
- les basses-terres de la baie d'Hudson ;
- les Appalaches.

Chaque région se distingue par son relief, ses étendues d'eau, son climat et sa végétation.

Les régions naturelles du Québec

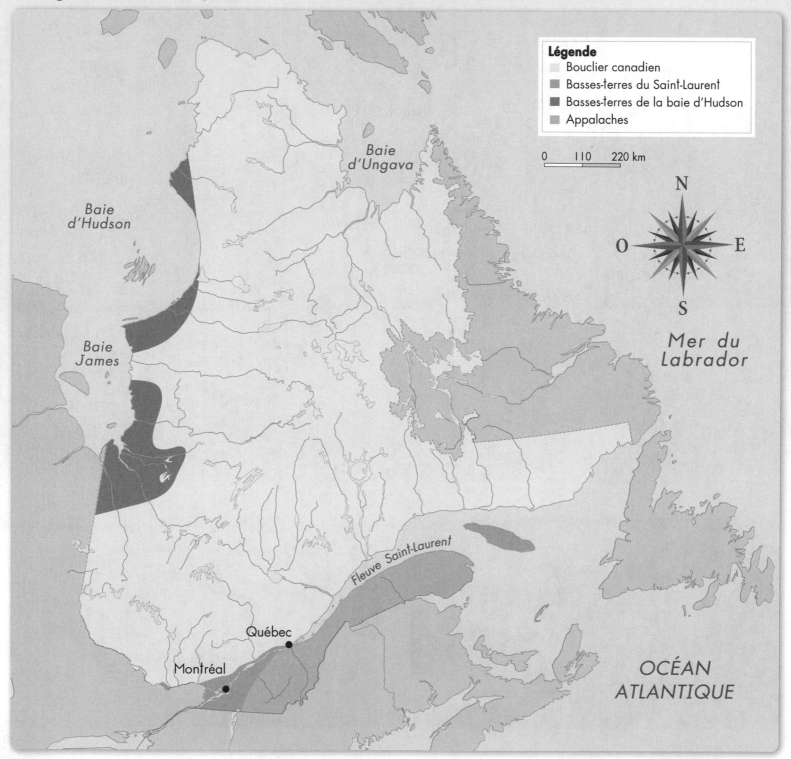

Les grandes régions naturelles

Le Bouclier canadien

Le Bouclier canadien est un très vaste territoire rocheux. Une très grande partie du Canada est recouverte par ce bouclier rocheux qui a la forme d'un grand « u ». Le Bouclier canadien couvre la presque totalité du territoire québécois.

Les basses-terres de la baie d'Hudson

La région des basses-terres de la baie d'Hudson s'étend sur un territoire qui borde le sud-ouest de la baie d'Hudson et de la baie James. Cette région est en grande partie couverte par la toundra et la forêt boréale.

Les basses-terres du Saint-Laurent

La région des basses-terres du Saint-Laurent est une grande plaine qui borde le fleuve Saint-Laurent, de la ville de Québec environ jusqu'en Ontario. La région comprend également l'île d'Anticosti. Ce sont des terres très fertiles où les activités agricoles sont nombreuses.

Les Appalaches

La chaîne de montagnes des Appalaches couvre une grande partie de l'est de l'Amérique du Nord. Ces montagnes s'étendent de Terre-Neuve jusqu'au sud des États-Unis. Au Québec, cette chaîne de montagnes parcourt toute la région de la Gaspésie.

Le relief du Québec

Le relief du Québec est constitué de **plaines**, de **plateaux** et de montagnes aux sommets arrondis.

Plaine : Grande étendue de terrain plat.

Plateau : Grand terrain plat, souvent en hauteur, dans les montagnes.

Le relief du Québec

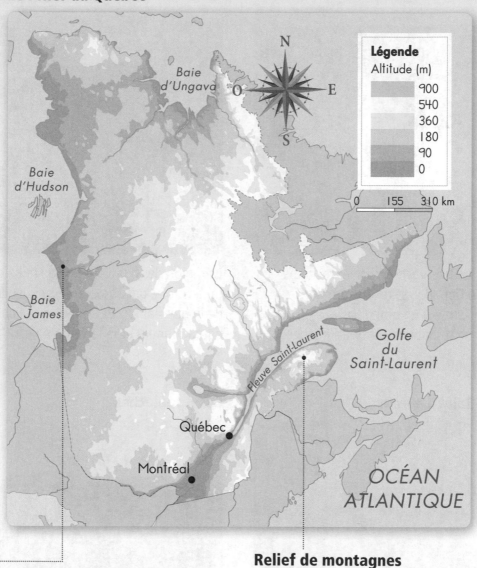

Légende
Altitude (m)

	900
	540
	360
	180
	90
	0

0   155   310 km

Baie d'Ungava

Baie d'Hudson

Baie James

Fleuve Saint-Laurent

Golfe du Saint-Laurent

Québec

Montréal

OCÉAN ATLANTIQUE

Relief de plaines

Des caribous traversent un lac gelé dans la région de la baie James. Près de la baie d'Hudson et de la baie James, le relief est plat.

Relief de montagnes

Le mont Albert est situé en Gaspésie. Il fait partie de la chaîne de montagnes des Appalaches.

Les cours d'eau

La pluie qui tombe pénètre dans le sol. L'eau que le sol n'absorbe pas reste en surface et, suivant le relief du territoire, cette eau rejoint les cours d'eau (rivières et fleuves) qui poursuivent leur chemin jusqu'à une étendue d'eau (lac, réservoir ou océan).

Les cours d'eau et les étendues d'eau du Québec

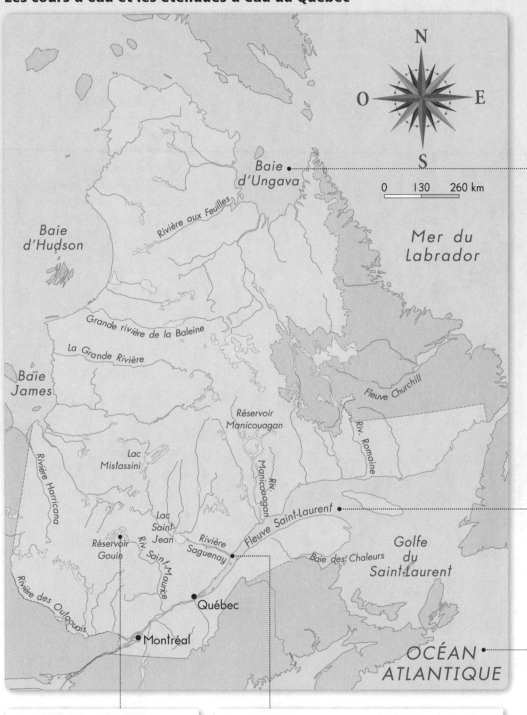

Une **baie** et un **golfe** sont des parties de mer ou d'océan qui s'avancent dans les terres.

Un **fleuve** est un grand cours d'eau qui se jette dans l'océan.

Une **mer** et un **océan** sont de grandes étendues d'eau salée. Un océan sépare des continents.

Un **lac** et un **réservoir** sont de grandes étendues d'eau à l'intérieur des terres.

Une **rivière** est un cours d'eau d'une certaine importance. Une rivière peut rejoindre une autre rivière ou se jeter dans un fleuve.

Les climats

Le climat du Québec change d'une région à l'autre. Il y a le climat arctique, le climat subarctique, le climat continental humide et le climat maritime de l'Est.

Dans les régions où le climat est arctique et subarctique, les hivers sont longs et froids, et les étés sont courts et frais. Dans les régions où il y a un climat continental humide, les étés sont chauds et humides, et les hivers sont froids. Dans une toute petite région du Québec, il y a un climat maritime où l'air est humide toute l'année.

Les climats du Québec

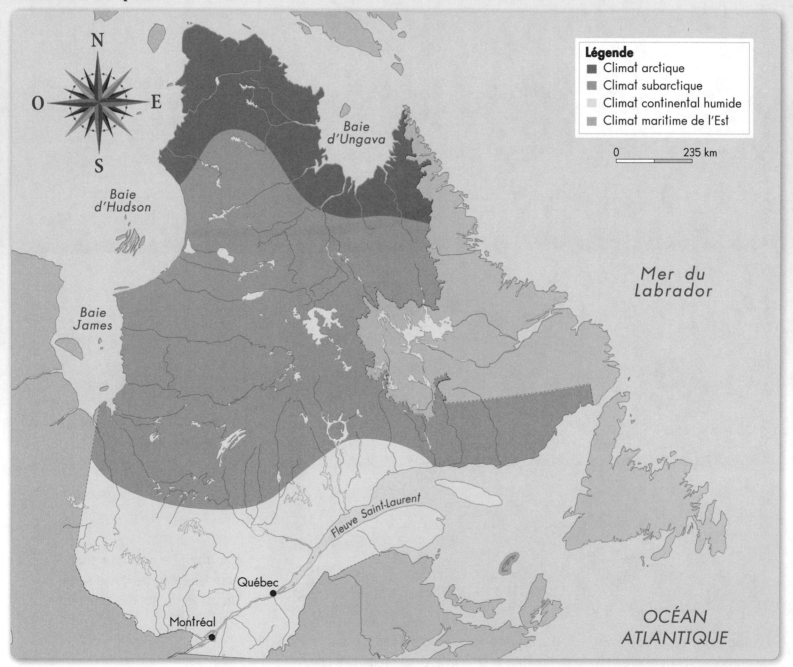

Légende
- Climat arctique
- Climat subarctique
- Climat continental humide
- Climat maritime de l'Est

0   235 km

La végétation

Au Québec, le type de plantes et d'arbres qui poussent varie d'une région à l'autre. On dit que la végétation change selon les régions. Elle change en fonction du relief et du climat qui est différent d'une région à l'autre.

Il y a plusieurs zones de végétation qui composent le Québec : la toundra, la forêt subarctique, la forêt boréale et la forêt mixte.

Les zones de végétation et la forêt

La **toundra** se compose de très petits conifères et de plantes de petite taille.

La **forêt subarctique** se compose de conifères. Les arbres sont plus petits et moins nombreux que dans la forêt boréale.

La **forêt boréale** se compose surtout de conifères.

La **forêt mixte** se compose de différentes espèces d'arbres feuillus et de conifères.

La société iroquoienne vers 1500

Population : 100 000 personnes

Territoire : Basses-terres du Saint-Laurent et région des Grands Lacs

Mode de vie : Sédentaire

Habitation : Villages de maisons longues

Moyens de transport : Marche, canot, raquettes

Voies de communication : Cours d'eau, sentiers forestiers

Activités économiques : Agriculture, chasse, pêche, cueillette, troc

Organisation politique : Matriarcat, prise de décision en conseil

Alimentation : Maïs, courge haricot, poisson, viande, cueillette

Vêtements : Peau d'animal

Spiritualité : Animisme

Art : Poterie, vannerie

Divertissements : Danse, chant, crosse

La société algonquienne vers 1500

Différences

Population : 70 000 personnes
Territoire : Bouclier canadien
Mode de vie : Nomade
Habitation : Tipis, wigwams
Activités économiques : Absence d'agriculture
Organisation politique : Patriarcat
Alimentation : Pas de légumes

La société inca vers 1500

Différences

Population : 8 000 000 de personnes
Territoire : Ouest de l'Amérique du Sud
Mode de vie : Sédentaire
Habitation : Cités de maisons en pierres
Moyens de transport : Marche, lama
Voies de communication : Routes, ponts
Activités économiques : Agriculture en terrasses, élevage (lamas, alpagas)
Organisation politique : Autorité totale de l'empereur, décisions imposées
Alimentation : Maïs, courge, pomme de terre, cacahuète, avocat
Vêtements : Coton, laine
Spiritualité : Dieu Soleil, plusieurs autres dieux

La société iroquoienne vers 1745

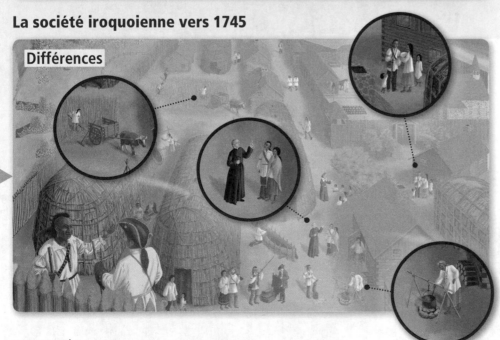

Différences

Population : 12 000 personnes
Territoire : Réduction du territoire
Mode de vie : Sédentaire
Habitation : Maisons longues et maisons françaises
Moyens de transport : Cheval, charrette
Activités économiques : Chasse pour le commerce des fourrures
Nouveaux objets : Armes à feu, objets en métal (chaudrons, haches, couteaux)
Alimentation : Ajout d'aliments (farine de blé, sucre, etc.)
Vêtements : Peau d'animal, tissu et laine
Spiritualité : Religion catholique

Chapitre 1

La société française en Nouvelle-France vers 1645

En cette journée de l'automne 1645, il y a beaucoup d'animation à Ville-Marie, où vivent une soixantaine d'habitants. En effet, la construction du fort doit être finie avant l'hiver.

Paul Chomedey de Maisonneuve, qui a fondé Ville-Marie avec le soutien de Jeanne Mance en 1642, retourne en France pour des raisons familiales. Il veut aussi demander au roi de France plus d'argent pour faire ces travaux. Pendant ce temps, les habitants poursuivent la construction du fort.

De plus, le chef algonquin Tessouat et des membres de sa communauté sont venus commercer avec les colons. Le chef leur donne aussi des conseils sur la culture du maïs.

D'après toi, lequel de ces personnages est:

- Paul Chomedey de Maisonneuve?
- Jeanne Mance?
- Tessouat, le chef algonquin?

Pourquoi les colons construisent-ils un fort?

Combien vois-tu de religieuses?

1534
Premier voyage de Jacques Cartier

1541-1542
Troisième voyage de Jacques Cartier

1500   1510   1520   1530   1540   1550

1535-1536
Deuxième voyage de Jacques Cartier

1600
Premier poste de
traite à Tadoussac

1608
Fondation
de Québec

1627
Fondation de la Compagnie
des Cent-Associés

1642
Fondation
de Ville-Marie

1560   1570   1580   1590   1600   1610   1620   1630   1640   1650

1605
Fondation
de Port-Royal

1617
Arrivée de la première
famille française
au Canada

1634
Fondation de
Trois-Rivières

Avant 1645 : les premiers contacts

Bonjour! Je suis **Jacques Cartier**.

Je suis né au bord de la mer, à Saint-Malo, dans le nord de la France. Enfant, les histoires de pirates me passionnaient. D'aussi loin que je me souvienne, j'ai toujours aimé naviguer!

Coup de chance, le roi François 1er m'envoie explorer le Canada! Il me confie trois missions importantes : trouver de l'or, découvrir un chemin vers l'Asie et prendre possession des territoires explorés en son nom.

À chacun de mes voyages en Nouvelle-France, je tiens un journal de bord. À toi de voir si j'ai réussi mes missions!

1 Qui envoie Jacques Cartier explorer le Canada? Coche les bonnes réponses.

☐ Paul Chomedey de Maisonneuve

☐ Le roi François 1er

☐ Jeanne Mance

☐ Des pirates

Les premiers Européens en Amérique

Avant l'arrivée des Européens, l'Amérique est habitée depuis
des milliers d'années par des nations autochtones. Vers l'an 1000,
les Vikings sont les premiers Européens à venir s'établir en Amérique.
Ils s'installent sur l'île de Terre-Neuve durant quelques années.

C'est à partir des années 1490 que les progrès de la **cartographie**
et les nouveaux instruments de navigation permettent aux
Européens de traverser l'Atlantique facilement. Ils entreprennent
alors de grandes explorations. Ils sont à la recherche de richesses
à rapporter et de territoires à habiter.

Cartographie : Ensemble des
techniques qui permettent de réaliser
des cartes géographiques.

Quelques grandes explorations avant Jacques Cartier

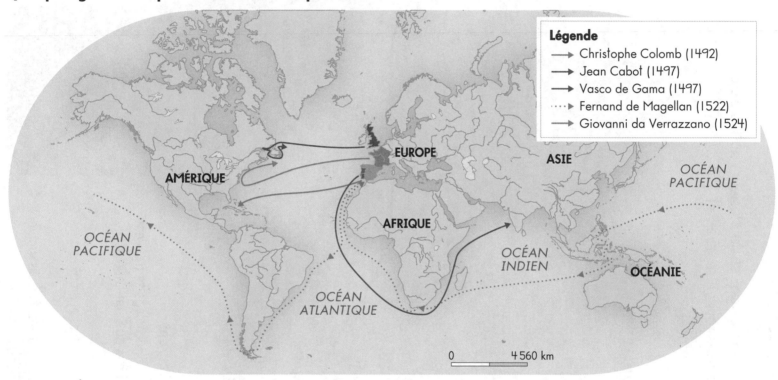

Légende
→ Christophe Colomb (1492)
→ Jean Cabot (1497)
→ Vasco de Gama (1497)
⋯▸ Fernand de Magellan (1522)
→ Giovanni da Verrazzano (1524)

2 Observe la carte. Place le nom de ces explorateurs sur la ligne du temps.

Cabot • Colomb • Magellan • Verrazzano

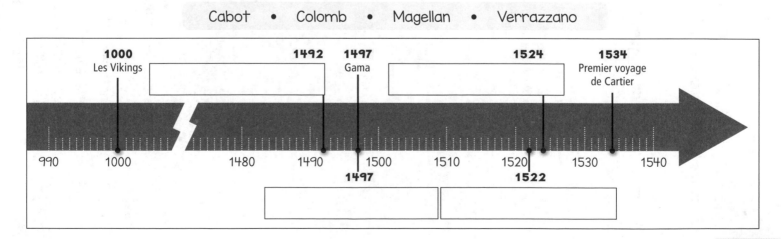

Les Français séjournent au Canada

À la suite de Christophe Colomb, de Jean Cabot et de plusieurs autres Européens, Jacques Cartier traverse l'Atlantique trois fois entre 1534 et 1542.

Les trois voyages de Jacques Cartier

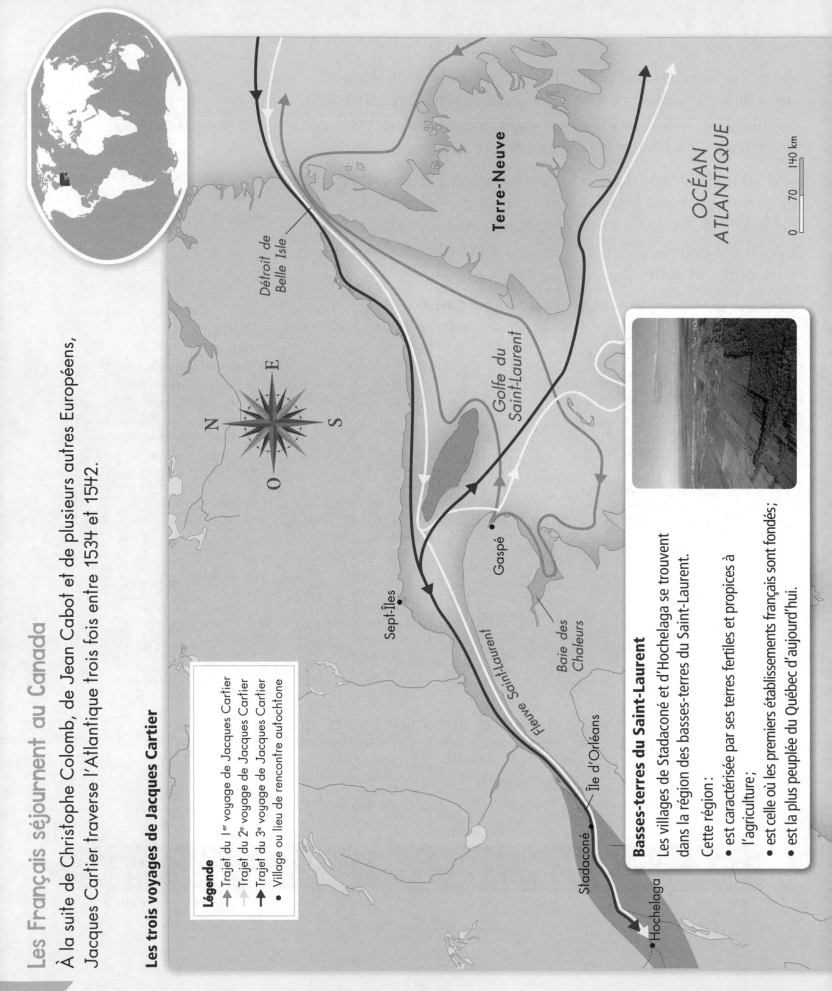

Légende

↑ Trajet du 1er voyage de Jacques Cartier
↑ Trajet du 2e voyage de Jacques Cartier
↑ Trajet du 3e voyage de Jacques Cartier
• Village ou lieu de rencontre autochtone

Détroit de Belle Isle

Terre-Neuve

Golfe du Saint-Laurent

OCÉAN ATLANTIQUE

0   70   140 km

Sept-Îles

Gaspé

Baie des Chaleurs

Fleuve Saint-Laurent

Île d'Orléans

Stadaconé

Hochelaga

N E S O

Basses-terres du Saint-Laurent

Les villages de Stadaconé et d'Hochelaga se trouvent dans la région des basses-terres du Saint-Laurent.

Cette région :

• est caractérisée par ses terres fertiles et propices à l'agriculture ;
• est celle où les premiers établissements français sont fondés ;
• est la plus peuplée du Québec d'aujourd'hui.

1541 à 1542
Le troisième voyage

Jacques Cartier fonde Charlesbourg-Royal.

Nombre de navires : 5

Équipage : 400 hommes

Durée de la traversée : 90 jours

Durée du séjour : Environ 16 mois

Faits marquants : En 1541, Cartier et son groupe fondent un premier établissement français près de Stadaconé. En 1542, Cartier retourne en France avec un chargement de pierres sans valeur, qu'il confond avec de l'or et des diamants. L'hiver est très dur à Charlesbourg-Royal et de nombreux hommes meurent. Les survivants retournent en France. Le roi est déçu de cette mission. Cartier ne reviendra plus au Canada.

1535 à 1536
Le deuxième voyage

Jacques Cartier visite Hochelaga.

Nombre de navires : 3

Équipage : 110 hommes

Durée de la traversée : de 50 à 69 jours, selon les navires

Durée du séjour : Environ 14 mois

Faits marquants : De retour au Canada, Cartier, guidé par les fils de Donnacona, visite la vallée du Saint-Laurent. Il se rend ensuite à Stadaconé et à Hochelaga, deux villages iroquoiens. Cartier et ses hommes passent l'hiver à Stadaconé. La saison est très froide et 25 d'entre eux meurent. Les autres membres de l'équipage sont secourus par les Autochtones, qui leur procurent des soins et de la nourriture.

1534
Le premier voyage

Jacques Cartier plante une croix à Gaspé.

Nombre de navires : 2

Équipage : 61 hommes

Durée de la traversée : 20 jours

Durée du séjour : Environ 90 jours

Faits marquants : À Gaspé, Cartier rencontre le chef autochtone Donnacona. À cette occasion, Cartier affirme prendre possession du territoire au nom du roi de France en plantant une croix. Donnacona proteste alors vivement contre l'installation de cette croix. Lorsque Cartier retourne en France, les deux fils de Donnacona, Domagaya et Taignoagny, l'accompagnent.

3 Observe cette carte du monde.

a) Écris le nom des continents suivants dans les bonnes cases sur la carte.

Amérique du Nord • Asie • Europe

b) Encercle la France en **rouge**.

c) Fais un point à l'endroit où Jacques Cartier a planté sa croix à son arrivée.

d) Situe l'océan Atlantique et écris son nom sur la carte.

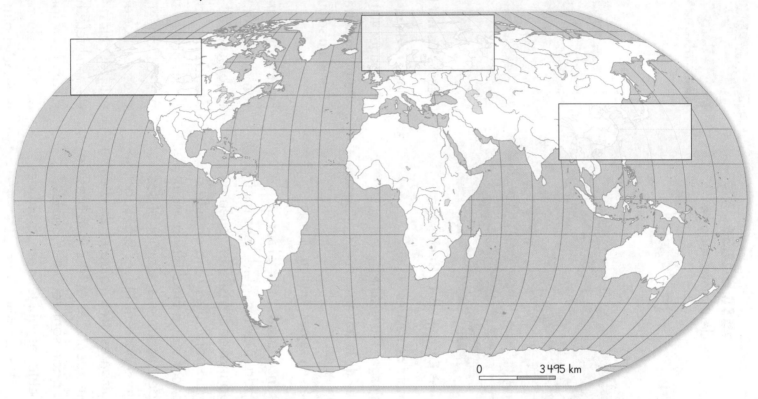

0   3 495 km

L'échec des missions de Jacques Cartier au Canada

La première mission de Jacques Cartier consiste à découvrir un passage vers l'Asie. L'endroit le plus à l'ouest qu'il atteint est Hochelaga, aujourd'hui Montréal.

Sa deuxième mission est de trouver de l'or et des diamants. Les pierres qu'il rapporte au roi sont sans valeur.

Sa troisième mission consiste à prendre possession de nouveaux territoires au nom du roi de France. Il y parvient. Il nomme plusieurs lieux qui portent le même nom aujourd'hui.

Au cours de ses missions, Cartier tisse des liens avec les Autochtones. Ces liens permettent aux Français qui viennent plus tard de s'établir en Amérique.

Pyrite de fer

Quartz

Cartier a rapporté en France de la pyrite de fer et du quartz.

4 Complète les phrases qui décrivent les missions de Jacques Cartier. Indique s'il a réussi ou non chaque mission en cochant la bonne case.

a) Trouver un chemin pour se rendre en _____.

b) Trouver de l'_____ et des _____.

c) Prendre possession de nouveaux _____ au nom de la France.

5 Qui dit quoi à Jacques Cartier ? Relie chaque bulle au personnage qui parle.

Mon frère et moi t'avons accompagné en France. Maintenant, nous te ferons visiter la vallée du Saint-Laurent.	Ne plante pas cette croix ici ! Ce territoire n'est pas le tien ! Mon peuple vit ici depuis très longtemps !	Je te permets d'explorer de nouveaux territoires avec ton navire. Mais tu devras remplir trois missions durant tes voyages.	L'hiver est rude ici ! Plusieurs d'entre nous sont morts à cause des mauvaises conditions de vie. Nous voulons retourner en France !

Le roi François 1ᵉʳ   **Le chef Donnacona**   **Taignoagny, fils de Donnacona**   **Un colon français**

6 Écris un des endroits où Jacques Cartier se rend à chacun de ses voyages. Pour t'aider, consulte les pages 24 et 25.

Charlesbourg-Royal • Gaspé • Hochelaga

a) Premier voyage :   b) Deuxième voyage :   c) Troisième voyage :

_____   _____   _____

7 Observe cette illustration.

Tableau de Charles-Dominique Fouqueray, exposé dans la cathédrale du Christ-Roi à Gaspé, montrant l'arrivée de Jacques Cartier en 1534.

a) Quels personnages vois-tu dans cette illustration?

_____

b) Que vois-tu derrière les personnages?

_____

c) Lis la légende sous l'illustration. Peux-tu nommer le personnage central et l'endroit où se déroule cette scène?

Personnage central: _____   Lieu: _____

d) Indique quel voyage de Cartier est illustré. Explique ta réponse.

☐ **Premier voyage**   ☐ **Deuxième voyage**   ☐ **Troisième voyage**

_____

_____

_____

Avant **1645** : Européens et Autochtones font connaissance

Kwe : Mot utilisé par les Autochtones pour dire « bonjour ».

Scorbut : Maladie mortelle causée par un manque de vitamine C.

Kwe! Je suis **Membertou**, grand chef des Micmacs, redoutable guerrier, sage et guérisseur.

Mon peuple et moi avons généreusement accueilli les Français à leur arrivée. Nous leur avons permis de construire l'habitation de Port-Royal sur nos terres. Grâce à nous, ils survivent aux hivers difficiles et au scorbut. Quand les Français sont repartis dans leur pays, nous avons veillé sur l'habitation en attendant leur retour.

J'ai entretenu de bonnes relations avec de nombreux Français. J'aime dire à mes petits-enfants que j'ai rencontré Samuel de Champlain et Jacques Cartier! Tu imagines? Cela signifie que j'ai vécu près de 100 ans!

---

1 Qui sont les Français que Membertou a rencontrés? Coche les bonnes réponses.

☐ Samuel de Champlain

☐ Jean Cabot

☐ Fernand de Magellan

☐ Christophe Colomb

☐ Le roi François 1er

☐ Jacques Cartier

Les pêcheurs et les baleiniers

Après le dernier voyage de Jacques Cartier en 1542, la France met fin à ses projets de **colonies** au Canada pendant environ 60 ans. Chaque été durant cette période, des Européens viennent quand même pêcher et chasser la baleine près des côtes du Canada. Ils profitent de leur passage pour échanger des produits avec les Autochtones. À partir de 1600, la France relance ses projets de **colonisation** au Canada.

> **Colonie :** Territoire gouverné par un pays étranger.

> **Colonisation :** Action de s'établir sur un territoire étranger.

La reprise des projets de colonisation

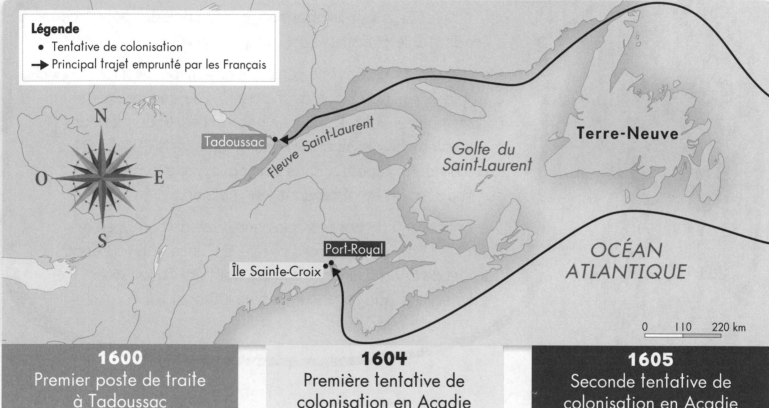

Légende
- Tentative de colonisation
- → Principal trajet emprunté par les Français

Tadoussac • Fleuve Saint-Laurent

Golfe du Saint-Laurent

Terre-Neuve

Port-Royal
Île Sainte-Croix

OCÉAN ATLANTIQUE

0   110   220 km

1600 Premier poste de traite à Tadoussac	**1604** Première tentative de colonisation en Acadie	**1605** Seconde tentative de colonisation en Acadie

En 1600, les Français ouvrent un **poste de traite** des fourrures à Tadoussac. En 1603, Samuel de Champlain, un explorateur français, fait un pacte avec des Autochtones. Au cours d'une grande cérémonie, appelée « tabagie de Tadoussac », les Français promettent aux Algonquins, aux Innus et aux Hurons-Wendats de les aider à combattre les Iroquois en échange de leur amitié.

En 1604, les Français s'établissent dans un lieu qu'ils nomment Île Sainte-Croix, situé dans la région actuelle de l'Acadie, dans l'est du Canada. Après un dur hiver, durant lequel le scorbut et le climat font 35 morts parmi les Français, ceux-ci déménagent en 1605 un peu plus loin, à Port-Royal.

Aidés par Membertou et son groupe, les Français fondent Port-Royal en 1605. Ils développent alors des liens commerciaux et amicaux avec les Micmacs. Le roi de France, qui trouve que Port-Royal ne rapporte pas assez d'argent, ordonne à Champlain et à ses hommes d'abandonner cette colonie en 1607.

> **Poste de traite :** Lieu où les Autochtones et les Européens se rencontrent pour échanger des biens.

2 Fais des paires. Identifie par le même symbole le mot ou le nom et sa description.
Utilise ces cinq symboles : ○ △ □ ☩ ☆

Membertou

Explorateur européen qui a été ami des Autochtones.

Jacques Cartier

Samuel de Champlain

Mot de langue autochtone qui signifie « bonjour ».

Scorbut

Maladie qui a tué de nombreux colons.

Kwe

Autochtone qui est grand chef des Micmacs en 1605.

Explorateur européen qui a rencontré Donnacona.

3 Encercle la réponse qui complète correctement chaque énoncé.

a) L'Acadie se trouve dans ⌈ l'ouest | le nord | l'est ⌉ du Canada.

b) La tabagie de Tadoussac est ⌈ un poste de traite | une grande cérémonie | une guerre iroquoise ⌉ .

4 Écris la lettre qui correspond à chaque énoncé dans la bonne colonne du tableau.

a) Les Français fondent Port-Royal.

b) Des Français s'établissent à l'Île Sainte-Croix.

c) Champlain négocie un pacte avec des Autochtones pour combattre les Iroquois.

d) De nombreux colons français meurent à cause du scorbut et du froid.

e) Les Français développent de bonnes relations avec les Micmacs.

f) Les Français ouvrent un poste de traite des fourrures à Tadoussac.

Premier poste de traite (1600)	Première tentative de colonisation (1604)	Deuxième tentative de colonisation (1605)

Le commerce des fourrures et les conflits entre Autochtones

L'arrivée des Européens entraîne parfois des conflits entre des nations autochtones. Quand les Européens ouvrent des postes de traite sur un territoire, les nations autochtones s'opposent parfois les unes aux autres. Elles tentent de contrôler l'accès à ces postes. Elles essaient parfois d'agrandir leur territoire de chasse pour obtenir plus de fourrures. La guerre entre les **alliés** autochtones des Français et les Iroquois est basée sur le commerce des fourrures.

> **Allié :** Personne avec qui on a fait un pacte, une alliance.

5 Trouve les mots suivants dans ce mot caché.

> alliés • arme • Autochtone • chasse • conflit • Européen
> guerre • Iroquoien • nation • poste • traite • troc

t	r	o	c	e	s	s	a	h	c	l
i	r	o	q	u	o	i	e	n	e	c
l	o	g	t	r	a	i	t	e	m	m
f	a	u	t	o	c	h	t	o	n	e
n	e	e	r	p	o	s	t	e	c	m
o	e	r	s	e	i	l	l	a	d	r
c	e	r	s	e	f	o	u	r	r	a
u	r	e	e	n	a	t	i	o	n	s

Écris les lettres restantes dans l'ordre. C'est la principale cause des conflits entre les différents groupes autochtones.

_____

6 Selon toi, est-ce que les premiers Français qui viennent au Canada entretiennent de bonnes relations avec les peuples autochtones ? Explique ta réponse.

_____

_____

_____

Avant 1645 : les Français s'installent

Cartographe : Personne qui dessine des cartes géographiques.

Diplomate : Personne qui représente son pays à l'étranger.

Bonjour! Mon nom est **Samuel de Champlain**. Je suis né à Brouage, sur la côte ouest de la France. Tu as sûrement entendu parler de moi : je suis le fondateur de la ville de Québec.

Je suis cartographe, écrivain, dessinateur, architecte, diplomate, navigateur et explorateur. Je parle aussi plusieurs langues. Avec courage, j'ai traversé 29 fois l'océan Atlantique.

Je suis très fier d'avoir signé des alliances avec les nations autochtones. Sans leur appui, il aurait été impossible de survivre en Nouvelle-France.

On dit de moi que je suis le père de la Nouvelle-France. Quel honneur!

1 D'après toi, pourquoi dit-on que Samuel de Champlain est le père de la Nouvelle-France?

_____

_____

_____

_____

Les premiers établissements français

La fondation de Québec en 1608 est un événement important dans l'histoire de la Nouvelle-France. À partir de cette date, les Français s'installent de façon **permanente** sur le territoire. La colonie commence véritablement à s'organiser.

Établissement : Lieu où s'installent les colons.

Permanent : Constant, durable, continuel.

Les premiers établissements permanents

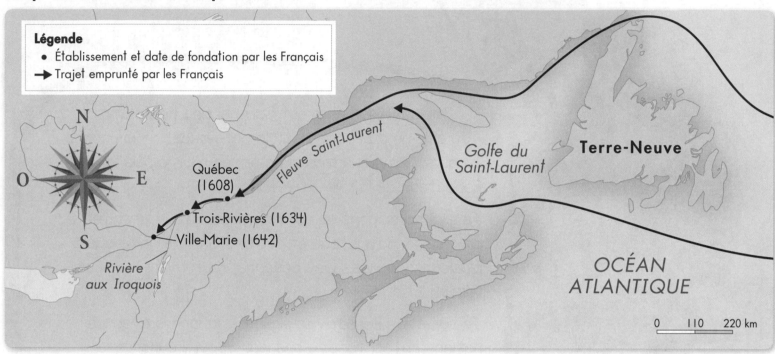

Légende
- Établissement et date de fondation par les Français
- → Trajet emprunté par les Français

Fleuve Saint-Laurent

Québec (1608)

Trois-Rivières (1634)

Ville-Marie (1642)

Rivière aux Iroquois

Golfe du Saint-Laurent

Terre-Neuve

OCÉAN ATLANTIQUE

0   110   220 km

2 Observe la carte ci-dessus.

a) Que remarques-tu concernant l'endroit où sont fondés les trois plus grands établissements de la Nouvelle-France ?

_____

_____

_____

b) Pourquoi les Français ont-ils choisi ces endroits à ton avis ?

_____

_____

_____

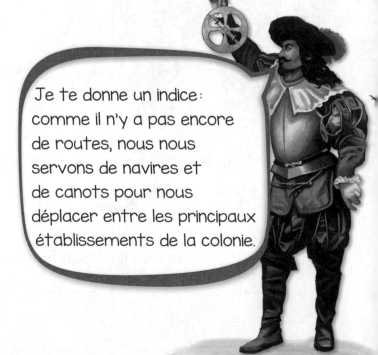

Je te donne un indice : comme il n'y a pas encore de routes, nous nous servons de navires et de canots pour nous déplacer entre les principaux établissements de la colonie.

1608
Fondation de Québec

En 1608, Champlain fonde Québec. C'est d'abord un petit poste de traite des fourrures. Québec grandit peu à peu. Avec les années, Québec devient la ville la plus importante de la Nouvelle-France.

1617
Arrivée de la première famille de colons

Durant les premières années, les seuls Français à venir en Nouvelle-France sont des hommes qui font du commerce. En 1617, Louis Hébert et Marie Rollet s'établissent à Québec. Ils sont le premier couple français à cultiver la terre et à fonder une famille en Nouvelle-France.

Louis Hébert au travail dans son champ.

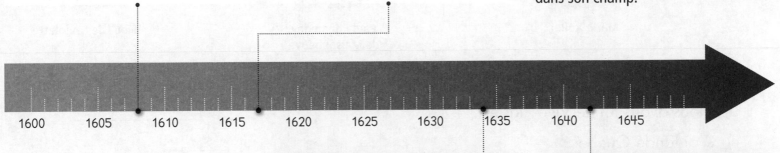

1600 1605 1610 1615 1620 1625 1630 1635 1640 1645

Site du poste de traite de Trois-Rivières plusieurs années plus tard.

1634
Fondation de Trois-Rivières

En 1634, Champlain demande au sieur de Laviolette, un capitaine de navire, de fonder un nouveau poste de traite à Trois-Rivières. Au fil des ans, ce poste devient une autre ville importante de la Nouvelle-France.

1642
Fondation de Ville-Marie

En 1642, un groupe dirigé par Maisonneuve et Jeanne Mance fonde Ville-Marie. Le développement de Ville-Marie est difficile en raison de conflits avec les Iroquois. Ce lieu devient plus tard la ville de Montréal.

---

3 **a)** Quel poste de traite des fourrures est devenu la ville la plus importante de la Nouvelle-France?

_____

b) Quel métier pratiquait sieur de Laviolette? _____

c) Pour quelle raison le développement de Ville-Marie a-t-il été difficile?

_____

d) Où les Français ont-ils commencé à cultiver la terre en Nouvelle-France? _____

4 Qui suis-je ou qui sommes-nous ? Écris les lettres qui correspondent aux personnes qui parlent.

A Samuel de Champlain

D Marie Rollet

B Louis Hébert

E Paul Chomedey de Maisonneuve

C Jeanne Mance

F Sieur de Laviolette

a) J'ai signé des alliances avec les Autochtones. _____

b) Nous avons fondé Ville-Marie. _____ _____

c) J'ai fondé Québec. _____

d) Nous sommes les premiers colons français à fonder une famille à Québec. _____ _____

e) J'ai traversé 29 fois l'océan Atlantique. _____

f) J'ai fondé un poste de traite des fourrures à Trois-Rivières. _____

g) J'ai été le premier Européen à explorer la rivière aux Iroquois. _____

5 Écris le mot correspondant à chaque définition à l'aide des syllabes suivantes.

Vil   bec   rie   res   ro   Ri   gra
Trois   to   phe   lieu   Qué   Ri   I   Ma

a) Ce lieu deviendra plus tard la ville de Montréal. _____ le _____ – _____ _____

b) Un des métiers de Samuel de Champlain. car _____ _____ _____

c) Ville où Champlain est mort. _____ _____

d) Nom donné aujourd'hui à la rivière aux Iroquois. _____ che _____

e) Ville où le sieur de Laviolette a fondé un poste de traite. _____ – _____ viè _____

Le **territoire** de la colonie vers **1645**

Coureur des bois : Commerçant français ou canadien qui parcourt le territoire à la rencontre des Autochtones pour échanger divers produits contre des fourrures.

Bonjour! Je suis **Étienne Brûlé**, premier coureur des bois. À 16 ans, je quitte la France pour la Nouvelle-France avec Champlain. Je suis avec lui à la fondation de Québec en 1608.

Champlain me demande d'aller vivre avec les Hurons-Wendats. J'apprends leur langue et leurs coutumes. J'aime tellement leur mode de vie que je reste avec eux jusqu'à ma mort, loin des établissements français.

Je suis le premier Européen à explorer les Grands Lacs.

Le territoire de la Nouvelle-France est immense et plein de ressources. À toi de le découvrir!

1 Vrai ou faux? Coche la bonne réponse.

a) Étienne Brûlé a fait partie de l'équipage de Samuel de Champlain.

b) Sa mission était de convaincre les Autochtones de vivre comme les Français.

c) Il est le premier Européen à parcourir les forêts pour échanger des produits avec les Autochtones.

Un grand territoire, peu de Français

La carte ci-dessous montre le territoire que la France possède en Amérique vers 1645. Ce territoire est très grand, mais peu de Français y habitent ! Les établissements de Québec, de Trois-Rivières et de Ville-Marie sont les seuls qui comptent une population française permanente. Ailleurs, seulement un petit nombre de Français fréquentent le territoire. Ce sont surtout des pêcheurs et des coureurs des bois. Voilà pourquoi on dit que la société française occupe seulement une petite partie du territoire de la Nouvelle-France à cette époque.

Le territoire de la Nouvelle-France vers 1645

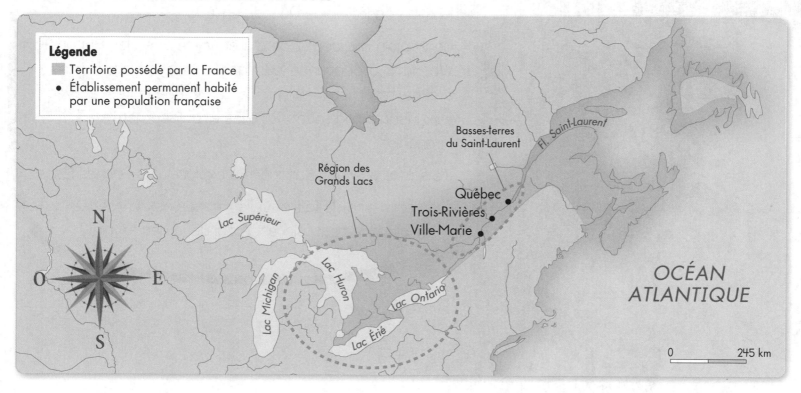

2 Observe la carte ci-dessus. Parmi les Grands Lacs, lequel est situé :

a) le plus à l'est ? _____

b) le plus à l'ouest ? _____

3 Nomme l'établissement français situé le plus au sud.

_____

4 Relie chacun de ces habitants de la Nouvelle-France à son territoire.

Un coureur des bois
●

Une religieuse enseignante
●

Un pêcheur
●

Ville-Marie, Trois-Rivières ou Québec   **Reste du territoire de la Nouvelle-France**

Le relief du territoire

Le territoire de la Nouvelle-France est surtout composé de petites montagnes et de grandes forêts difficiles d'accès. Autour du fleuve Saint-Laurent cependant, il y a les basses-terres du Saint-Laurent. Cette région, qui est une plaine, représente un **atout** pour les Français. Le territoire est plat et facile d'accès en raison des nombreux cours d'eau. Le sol fertile permet de pratiquer l'agriculture en été.

Atout : Avantage.

Paysage du Bouclier canadien.

Paysage des basses-terres du Saint-Laurent.

5 Pourquoi les basses-terres du Saint-Laurent sont-elles un territoire favorable à l'agriculture ?
Encercle les bonnes réponses.

a) Il y a moins d'animaux sauvages sur ce territoire.

b) Le sol est fertile.

c) Il y a des montagnes qui permettent à l'eau de s'égoutter vers les champs.

d) Le sol est plat et les cours d'eau sont à proximité.

Le climat

Durant l'été, la température est douce, et la pluie permet d'arroser les champs cultivés. Toutefois, la température très froide en hiver et la grande quantité de neige représentent une **contrainte** à la colonisation. Le climat d'hiver en Nouvelle-France empêche les colons de cultiver la terre et rend leurs déplacements difficiles.

Contrainte : Inconvénient, obstacle.

Pour survivre aux longs hivers, les Français doivent apprendre à chasser et à se déplacer comme les Autochtones.

6 Fais un « + » à côté des caractéristiques du climat qui représentent un atout pour les habitants de la Nouvelle-France et un « – » devant ceux qui représentent une contrainte.

a) La température est chaude en été. ☐

b) Il y a beaucoup de neige en hiver. ☐

c) La température est très froide en hiver. ☐

d) La pluie tombe régulièrement en été. ☐

7 Colorie en **vert** les cases qui caractérisent les basses-terres du Saint-Laurent.

Présence de petites montagnes	Température douce et pluie en été	Facile d'accès en raison des cours d'eau
Espace plat (plaine)	Terres propices à l'agriculture	Difficile d'accès en raison des vastes forêts

Les dirigeants
de la colonie vers 1645

Embouchure : Endroit où un cours d'eau se jette dans un autre.

Traité : Accord signé entre deux ou plusieurs nations.

Fortification : Construction servant à défendre un lieu.

Bonjour! Je suis **Charles Huault de Montmagny**, né à Paris en 1583. À la mort de Champlain, la Compagnie des Cent-Associés, une compagnie de traite des fourrures, me nomme gouverneur de la Nouvelle-France.

Comme nous sommes en guerre contre les Iroquois, je prends des mesures pour défendre Québec et Trois-Rivières. Par exemple, je fais construire un premier fort à l'embouchure de la rivière aux Iroquois.

En 1645, je tente de conclure un traité de paix avec les Iroquois, mais c'est un échec. Sans la paix, il est dangereux pour les colons de s'aventurer à l'extérieur des fortifications.

1 Coche la bonne réponse. Montmagny est né :

☐ au 14ᵉ siècle. ☐ au 15ᵉ siècle. ☐ au 16ᵉ siècle.

2 À ton avis, à quoi sert la plume que Montmagny tient à la main ? Coche la bonne réponse.

☐ À chatouiller les colons désobéissants ☐ À écrire ☐ À chasser les moustiques

La Compagnie des Cent-Associés

Vers 1630, c'est le roi de France qui a le pouvoir de diriger la Nouvelle-France. Cependant, le roi ne vit pas dans la colonie et ne peut pas prendre des décisions rapidement. De plus, la Nouvelle-France est une petite colonie, bien moins importante que les territoires qu'il dirige en France. L'essentiel pour le roi est que la colonie fournisse à la France des fourrures et des produits de la mer, comme le poisson et la baleine.

C'est pour cette raison qu'en 1627, l'administration de la Nouvelle-France est confiée à la Compagnie des Cent-Associés. C'est une compagnie composée de 100 **actionnaires** français fortunés, comme des seigneurs, des marchands et des religieux. Ils désirent tirer profit des ressources du territoire.

Actionnaire : Personne qui possède en partie une compagnie et qui en tire des profits.

3 Pour quelles raisons le roi de France a-t-il fondé la Compagnie des Cent-Associés en 1627 ? Coche les bonnes réponses.

a) Il considérait que la colonie était aussi importante que la France. ☐

b) Il voulait que la France profite des ressources de sa colonie. ☐

c) Il voulait connaître ce qui se passait dans la colonie pour prendre lui-même les décisions. ☐

d) Il souhaitait que la Compagnie s'occupe de la colonie à sa place. ☐

Pour l'aider dans sa tâche, la Compagnie des Cent-Associés choisit un gouverneur. Il est reconnu par le roi comme le dirigeant de la colonie. Le gouverneur a plusieurs responsabilités. Il doit administrer le budget de la colonie, commander les armées et agir à titre de juge.

L'organisation du pouvoir dans la colonie

Le roi de France

forme en **1627**

La Compagnie des Cent-Associés

qui désigne en **1636**

Le gouverneur Montmagny

La Compagnie des Cent-Associés est la seule compagnie à avoir le droit de faire le commerce des fourrures dans la colonie. Elle s'enrichit rapidement. En échange de ce privilège, elle s'engage auprès du roi à peupler la colonie.

4 Associe chaque personne ou groupe de personnes aux rôles qui lui correspondent.

a)

Le gouverneur
Montmagny

b)

Le roi de France en 1645
Louis XIV

c)

La Compagnie des
Cent-Associés

• Choisir un gouverneur.

• Diriger la colonie.

• Détenir le pouvoir politique.

• Faire tout le commerce des fourrures dans la colonie.

• Favoriser le peuplement de la colonie.

5 Encercle la réponse qui complète correctement chaque énoncé. Charles Huault de Montmagny avait plusieurs responsabilités :

a) administrer le déneigement | le budget de la colonie ;

b) commander les armées | des livres ;

c) agir à titre de juge | de pompier .

Les relations avec les Autochtones

Les Français sont beaucoup moins nombreux que les Autochtones dans la colonie. Les Français n'ont donc pas le pouvoir sur tout ce qui s'y passe. Le gouverneur doit souvent discuter et négocier avec les Autochtones.

Par exemple, les Français doivent obtenir la permission des Autochtones avant de passer sur leur territoire. Ces Autochtones acceptent si les Français échangent des produits avec eux. Certains Autochtones demandent aussi aux Français de les soutenir dans leur guerre contre les Iroquois. Les Français et les Autochtones négocient plusieurs traités.

Français discutant avec des Autochtones.

6 **a)** Le gouverneur ne peut pas imposer ses décisions à ce groupe de personnes. Lequel? Encercle la bonne réponse.

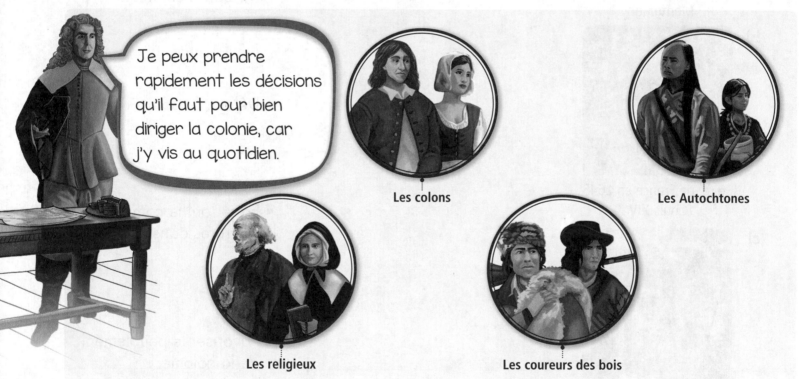

Je peux prendre rapidement les décisions qu'il faut pour bien diriger la colonie, car j'y vis au quotidien.

Les colons

Les Autochtones

Les religieux

Les coureurs des bois

b) Complète l'énoncé. Coche les bonnes réponses.

Comme le gouverneur n'a pas de pouvoir sur ce groupe de personnes, pour s'occuper correctement de la colonie, il lui faut donc:

☐ discuter avec les membres de ce groupe.

☐ négocier des traités avec ce groupe.

☐ les convaincre que ses décisions sont bonnes.

☐ leur faire la guerre.

☐ construire des fortifications.

☐ ne pas s'en occuper.

L'économie
de la colonie vers 1645

Épidémie : Progression rapide d'une maladie contagieuse dans la population.

Bonjour! Je m'appelle **Jeanne Mance**. Je suis née à Langres, en France, où j'ai connu des guerres et des épidémies. C'est pourquoi j'aide les gens dans le besoin.

À 34 ans, je fonde Ville-Marie avec Maisonneuve et j'en suis fière!

J'ai de grandes responsabilités. Je distribue les tâches et les horaires de travail aux colons et je gère le budget. Il faut trouver de l'argent pour que Ville-Marie se développe. J'en obtiens pour la construction du premier hôpital de Ville-Marie, l'Hôtel-Dieu.

Même si je suis croyante, je suis une laïque, c'est-à-dire que je ne suis pas une religieuse.

1 Qui suis-je?

a) Mon premier est un déterminant possessif. _____

b) Mon deuxième est une note de musique. _____

c) Mon troisième est une syllabe qui rime avec mont Royal. _____

d) Mon tout est le nom donné aujourd'hui à la ville fondée par Jeanne Mance. _____

Le commerce des fourrures

Vers 1645, la fourrure est très populaire en France. Les gens les plus riches portent des vêtements en fourrure, surtout des chapeaux. C'est pour répondre à cette demande que de nombreux commerçants de fourrures s'établissent en Nouvelle-France. Avec les Autochtones, ces commerçants échangent divers objets européens contre de la fourrure, qu'ils vendent ensuite en France. C'est ce qu'on appelle faire du troc. Cette activité économique exige de nombreux voyages, en canot et en raquettes, pour aller à la rencontre des Autochtones.

Les chapeaux de feutre de castor sont très populaires en Europe vers 1645.

Le troc en Nouvelle-France

Fourrures

Objets en métal

Couvertures de laine

Vêtements

2 Remplis la grille pour découvrir le mot formé par les cases vertes. Ce mot désigne le moyen utilisé pour faire le commerce des fourrures en Nouvelle-France.

a) Les Autochtones les utilisent pour marcher dans la neige.

b) Ce que les commerçants veulent obtenir des Autochtones.

c) Moyen de transport utilisé par les Autochtones pour se déplacer sur l'eau.

d) Un objet que les Européens fabriquent avec la fourrure.

a)

b)

c)

d)

Le _____

La pêche à la morue et la chasse à la baleine

Il y a d'autres activités économiques importantes en Nouvelle-France, comme la pêche à la morue et la chasse à la baleine. Ces activités se font principalement dans la région des Maritimes, à l'est de la colonie. Elles sont souvent pratiquées au printemps par des marins européens. À l'automne, ils repartent en Europe pour vendre leurs produits.

Chasse à la baleine près des côtes de Terre-Neuve.

3 Vrai ou faux ? Coche la bonne réponse.

a) Le commerce des fourrures se fait principalement dans la région des Maritimes. V ☐ F ☐

b) La pêche à la morue et la chasse à la baleine sont des activités économiques de la Nouvelle-France. V ☐ F ☐

c) Les pêcheurs vendent leurs poissons en Europe quand la saison de pêche est terminée. V ☐ F ☐

L'agriculture et l'élevage

Vers 1645, on trouve quelques familles de colons qui essaient de vivre de l'agriculture. Ils doivent **défricher** la forêt pour cultiver la terre pendant le court été. Les habitants cultivent surtout du blé et certains légumes comme l'oignon et la carotte. Ils élèvent aussi des animaux, comme des bœufs et des porcs. Cependant, il y a encore peu de routes en Nouvelle-France. Le transport par charrette des produits de l'agriculture pour les vendre à la population avoisinante est difficile.

Défricher : Enlever le bois et les plantes d'un terrain pour pouvoir y faire des cultures.

4 Utilise ces groupes de lettres pour former cinq mots qui sont des produits de l'agriculture et de l'élevage en Nouvelle-France.

bl po oi rc b ca
rot é œuf gnon te

_____ _____ _____ _____ _____

5 Complète ce tableau en t'aidant des images. Selon le cas, écris les mots manquants ou encercle la région correspondante sur la carte.

	Activités économiques dans la colonie en 1645		
Nom de l'activité			
	_____	_____	_____
Produits obtenus	_____	Morue et baleine	_____
Lieu où est pratiquée l'activité	 0 700 km	 0 700 km	 0 700 km
Période de l'année	Toute l'année	_____	_____
Principales difficultés	• Déplacements fréquents sur de longues distances	• Dangers liés à la navigation en mer	• _____ • Nécessité de défricher • Peu de routes

6 Pourquoi les Européens faisaient-ils le commerce des fourrures en Nouvelle-France?

_____

_____

_____

_____

La **population** de la colonie vers **1645**

Convertir : Convaincre une personne d'adopter une autre religion que la sienne.

Religion catholique : Religion chrétienne qui reconnaît l'autorité du pape.

Bonjour, je me présente : **Paul Chomedey de Maisonneuve**. En 1642, je fonde Ville-Marie avec Jeanne Mance pour convertir les Autochtones à la religion catholique. Trois ans plus tard, nous sommes toujours une centaine à y vivre. Pour augmenter notre population, je retourne en France recruter des artisans, des colons et des soldats.

Nous aimerions que les Algonquins et les Hurons-Wendats, en guerre contre les Iroquois, s'établissent à Ville-Marie. Comme ils sont souvent victimes d'épidémies, nous pourrions les soigner. Ils préfèrent cependant rester près de Québec où ils se sentent en sécurité.

La paix avec les Iroquois est essentielle au développement de Ville-Marie.

1 Nomme un élément qui empêche les Algonquins, les Hurons-Wendats et les colons de venir s'établir à Ville-Marie.

_____

_____

_____

La population d'une colonie comptoir

La plupart des Français qui vivent en Nouvelle-France sont des hommes, surtout des commerçants de fourrures. C'est pourquoi on dit que la Nouvelle-France, à cette époque, est une **colonie comptoir** et non une **colonie de peuplement**.

En 1645, il y a environ 1 000 colons en Nouvelle-France. De ce nombre, environ 800 sont des hommes et environ 200 sont des femmes. La population autochtone qui se trouve sur le territoire de la Nouvelle-France est d'environ 40 000 personnes! Les hommes et les femmes composent chacun la moitié de la population autochtone.

Colonie comptoir : Colonie qui a pour objectif de faire du commerce.

Colonie de peuplement : Colonie qui a pour objectif de peupler le territoire.

Estimation de la population de la Nouvelle-France vers 1645

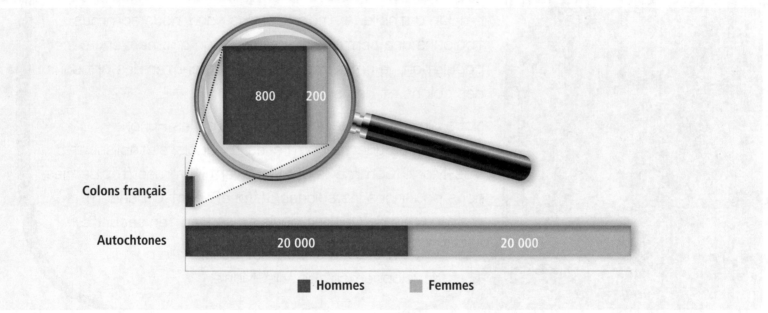

2. Observe le diagramme.

a) Vers 1645, combien y a-t-il d'hommes en Nouvelle-France? _____

b) Vers 1645, combien y a-t-il de femmes en Nouvelle-France? _____

3. Vrai ou faux? Coche la bonne réponse.

a) Vers 1645 en Nouvelle-France, il y a beaucoup plus de colons français que de femmes autochtones.

b) Les Autochtones sont plus nombreux que les colons français en Nouvelle-France vers 1645.

c) Il y a peu de femmes parmi les colons français en Nouvelle-France vers 1645.

4 Quel est l'objectif:

a) d'une colonie comptoir?

_____

b) d'une colonie de peuplement?

_____

5 Observe cette illustration de Ville-Marie.

Commerce des fourrures à Ville-Marie vers 1645.

a) Quels personnages vois-tu dans cette illustration?

_____

b) Où se trouvent-ils? Que vois-tu autour d'eux?

_____

_____

c) Que font les personnages?

_____

_____

d) Indique si Ville-Marie est représentée comme une colonie comptoir ou comme une colonie de peuplement dans cette illustration. Explique ta réponse.

☐ **Colonie comptoir**   ☐ **Colonie de peuplement**

_____

_____

Les changements dans la population

Vers 1645, la composition de la population change. De plus en plus d'hommes et de femmes venus de France s'établissent en Nouvelle-France. Ils espèrent fonder une famille et peupler le territoire. Par exemple, en 1653, lorsque Maisonneuve revient à Ville-Marie après un séjour en France, une centaine de colons et de soldats l'accompagnent. Toutes ces personnes augmentent la population française.

Pendant ce temps, les Autochtones vivent des difficultés importantes. Ils attrapent des maladies apportées par les Français, comme la grippe et la **petite vérole**. Ces maladies sont nouvelles pour les Autochtones. Ils ont de la difficulté à guérir de ces maladies. De nombreux Autochtones en meurent. La population autochtone diminue beaucoup.

Petite vérole : Maladie souvent mortelle qui se caractérise par des boutons sur la peau.

Le Havre, un port français d'où partaient les colons.

6 Complète les phrases. Utilise la banque de mots.

> Autochtones • France • grippe • Jeanne Mance • Montréal • soldats • vérole

a) La petite _____ et la _____ sont des maladies souvent mortelles pour les Autochtones.

b) _____ et Maisonneuve ont fondé Ville-Marie. L'établissement deviendra plus tard l'une des plus importantes villes du Québec, appelée _____.

c) En 1653, une centaine de colons et de _____ viennent augmenter le nombre d'habitants à Ville-Marie.

d) En 1645, plusieurs personnes venues de _____ deviennent des colons en Nouvelle-France.

e) L'arrivée de maladies européennes modifie la composition de la population en Nouvelle-France, car le nombre d'_____ diminue beaucoup.

La culture
dans la colonie vers 1645

Congrégation : Groupe de personnes religieuses.

Catéchisme : Ensemble des valeurs et des principes de la religion chrétienne.

Bonjour, je suis sœur **Marguerite Bourgeoys**, de la congrégation de Notre-Dame. C'est par choix que je suis une religieuse et que je consacre ma vie à l'éducation des enfants.

À mon arrivée en Nouvelle-France en 1653, il n'y a aucun enfant en âge d'aller à l'école. Beaucoup d'enfants meurent en bas âge à cause des maladies et des conditions de vie difficiles. Avec le temps, la situation s'améliore et des enfants grandissent.

En attendant la construction d'une première école, c'est dans une étable que je leur apprends à écrire et à compter. Je leur enseigne aussi le catéchisme.

1 Trouve une ressemblance et une différence entre la vie des enfants à Ville-Marie à l'époque de Marguerite Bourgeoys et celle des enfants aujourd'hui.

Ressemblance : _____

_____

Différence : _____

_____

_____

Le français, langue commune des colons

Vers 1645, la majorité de la population de la France parle français. Il y a cependant plusieurs régions de la France où les habitants parlent une **langue régionale**, comme le breton ou le normand. Pour ces gens, le français est souvent une langue seconde, qu'ils maîtrisent plus ou moins bien.

| **Langue régionale** : Langue particulière à une région.

Les langues régionales en France vers 1645

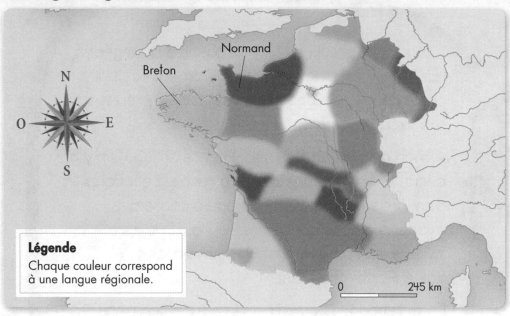

Légende
Chaque couleur correspond à une langue régionale.

En Nouvelle-France, le français est adopté comme langue commune, car c'est la seule langue que tous les colons peuvent comprendre, peu importe leur région d'origine en France. De leur côté, les Autochtones continuent très majoritairement à parler leurs propres langues même si certains apprennent le français.

2 Quelles sont les principales langues parlées en Nouvelle-France vers 1645 ?

_____

3 Selon la carte ci-dessus, combien de langues régionales sont parlées en France à cette époque ? Encercle la bonne réponse.

a) Deux

b) Entre 10 et 15

c) Entre 16 et 20

d) Plus de 25

Le catholicisme

En France, la vaste majorité des habitants pratique la religion catholique, appelée catholicisme, et une petite minorité pratique d'autres religions. Le roi de France fait cependant de la Nouvelle-France une colonie exclusivement catholique. Cela signifie que seuls les Français de religion catholique sont autorisés à coloniser la Nouvelle-France. Ainsi, l'ensemble de la population en Nouvelle-France est catholique.

Le roi de France autorise plusieurs **communautés religieuses** à s'établir en Nouvelle-France. Ces communautés doivent s'assurer que les colons continuent de pratiquer la religion catholique. Elles doivent aussi convertir les populations autochtones, qui ont d'autres croyances, à la religion catholique.

Certaines de ces communautés sont composées d'hommes, comme les Récollets et les Jésuites. D'autres sont composées de femmes, comme les Ursulines et les Hospitalières. En plus de la vie religieuse, ces communautés sont responsables des hôpitaux et des écoles en Nouvelle-France.

École des Ursulines à Québec, en 1639.

Communauté religieuse : Groupe de femmes ou d'hommes qui vivent ensemble et suivent des règles de vie religieuse.

4 Résous cette charade.

a) Mon premier est le mot chat en anglais. _____

b) Mon deuxième coule du robinet. _____

c) Tu dors dans mon troisième chaque nuit. _____

d) Mon quatrième est un mot formé des 17ᵉ, 21ᵉ et 5ᵉ lettres de l'alphabet. _____

e) Mon tout est une personne qui pratique la seule religion autorisée pour les colons de Nouvelle-France. _____

5 a) Coche les communautés religieuses responsables de s'assurer que la population de la Nouvelle-France pratique la religion catholique.

☐ Les Récollets   ☐ Les Ursulines   ☐ Les Bénédictines

☐ Les Jésuites   ☐ Les Franciscains   ☐ Les Hospitalières

b) Parmi celles-ci, surligne les communautés composées de femmes.

6 À l'aide de la banque de mots, complète ce schéma qui illustre le maintien de la culture française en Nouvelle-France.

Autochtones • colons • communautés religieuses • convertir
français • religion catholique • roi

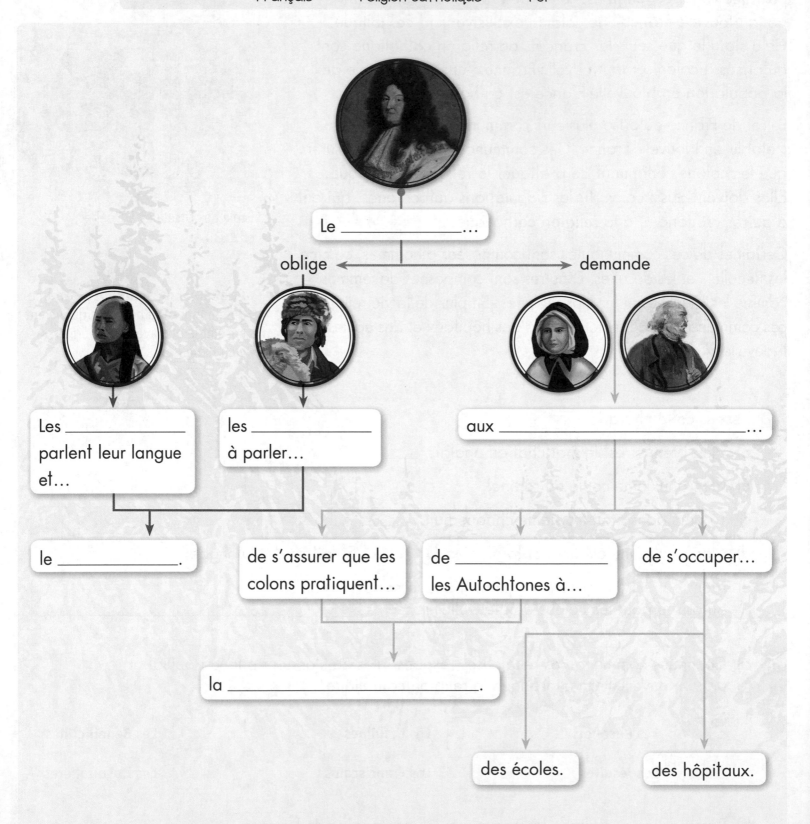

Le _____...

oblige ← → demande

Les _____ parlent leur langue et...

les _____ à parler...

aux _____...

le _____.

de s'assurer que les colons pratiquent...

de _____ les Autochtones à...

de s'occuper...

la _____.

des écoles.

des hôpitaux.

La **vie quotidienne** dans la colonie vers **1645**

Cabaret : Établissement où l'on sert à boire et à manger.

Bombarde : Instrument à vent qui vient de la région de Bretagne, en France.

Salut! Je m'appelle **Marie Brazeau**. J'arrive à Ville-Marie en 1681 avec ma famille. Avec mon mari, j'ouvre un cabaret quelques années plus tard. Mes clients sont des paysans, des soldats, des artisans, des commerçants et des coureurs des bois.

Dans mon cabaret, je sers de la soupe aux pois, du ragoût de perdrix, des légumes bouillis et, bien sûr, du pain. Souvent, un musicien nous offre ses talents en échange d'un repas chaud! Il joue d'un instrument comme la flûte, le violon ou la bombarde.

Ma vie n'est pas toujours facile! Certains clients ne paient pas leur addition, d'autres se bagarrent ou font du bruit.

1 Encercle les noms des instruments de musique que l'on pouvait entendre dans un cabaret de la Nouvelle-France en 1645.

Flûte

Piano

Bombarde

Violon

Harpe

Les vêtements des colons

Les premiers habitants de la Nouvelle-France s'habillent comme les Français. Pour se protéger du froid, ils portent aussi des vêtements d'origine autochtone, comme des mitaines et des bottes.

Les vêtements des habitants

Vêtements d'été

Chapeau de feutre

Coiffe

Justaucorps

Haut-de-chausse

Jupon

Vêtements d'hiver

Bonnet

Mitaines (comme les Autochtones)

Mitaines (comme les Autochtones)

Capot

Bottes (comme les Autochtones)

2 Écris le nom du vêtement à côté de sa description.

Description	Nom
Accessoires utilisés pour protéger les mains du froid.	
Manteau pour homme serré à la taille qui descend jusqu'aux genoux.	
Vêtement masculin qui couvre le corps de la ceinture aux genoux.	
Accessoires utilisés pour protéger les pieds du froid.	
Manteau d'hiver pour homme.	
Pièce de tissu léger utilisée par les femmes pour se couvrir la tête.	
Chapeau populaire et élégant pour les hommes.	
Pièce de vêtement chaud utilisée pour couvrir la tête.	
Vêtement féminin qui se porte sous la jupe.	

L'alimentation

En Nouvelle-France, le repas des colons est surtout fait de pain de blé, de soupe aux pois et de **lard**. Ce repas s'accompagne de légumes, comme des carottes et des oignons. Les colons ajoutent souvent à leur repas de la viande d'animaux sauvages, comme du lièvre ou de l'anguille. Les colons gardent leurs habitudes alimentaires françaises tout en ajoutant des produits de la colonie.

Lard : Graisse de porc.

Le pain est surtout fabriqué avec du blé. Le blé est d'abord semé dans un champ, puis récolté. Le blé est ensuite moulu en farine dans un moulin, puis préparé en pâte et cuit dans un four à pain.

Vers 1645, les agriculteurs en Nouvelle-France ne produisent pas beaucoup de blé et les moulins à farine sont rares. Une partie de la farine de blé doit être livrée de France par bateau.

La fabrication du pain

① Champ de blé
③ Four à pain
② Moulin à farine

---

3 Vrai ou faux ? Coche la bonne réponse.

a) Les Français de la Nouvelle-France mangent les mêmes aliments que les Autochtones. ☐ V ☐ F

b) Une partie du pain consommé en Nouvelle-France est fait avec le blé qui a été récolté sur place. ☐ V ☐ F

4 Place les étapes de fabrication du pain dans le bon ordre. Indique les numéros 1 à 5 vis-à-vis chaque étape.

Étapes de fabrication du pain	Ordre
a) Comme les grains sont durs, ils sont moulus pour en faire de la farine.	
b) La pâte est cuite dans un four à pain.	
c) Les colons sèment des grains de blé dans leur champ.	
d) La farine est préparée en pâte.	
e) Lorsque le blé est mûr, il est récolté par les colons.	

5 Remplis la grille de mots entrecroisés à l'aide de ces aliments que Marie Brazeau servait aux colons.

anguille • carotte • lard • lièvre • oignon
pain • perdrix • ragoût • soupe • tourtière

Quelques **groupes sociaux** en Nouvelle-France vers **1645**

Noble : Personne de classe sociale privilégiée par naissance ou par décision du roi.

Seigneurie : Ensemble de terres données à une personne ou à un groupe de personnes pour développer l'agriculture.

Seigneur : Propriétaire d'une ou de plusieurs seigneuries.

Bonjour ! Je suis **Charles Le Moyne de Longueuil de Châteauguay**. J'arrive en Nouvelle-France à 15 ans. J'accompagne des jésuites dans une mission auprès des Autochtones. Là, j'apprends leurs coutumes et leurs langues, et je fais la traite des fourrures.

Plus tard, à Ville-Marie, j'épouse Catherine Thierry. Nous aurons 14 enfants !

Pour mes bons services, Maisonneuve et le roi de France font de moi un noble. Ils me donnent des seigneuries à Ville-Marie et sur la rive sud du Saint-Laurent. Je deviens l'un des seigneurs les plus riches de mon époque. Je permets à des colons de cultiver mes terres.

1 Vrai ou faux ? Coche la bonne réponse.

a) Charles Le Moyne a quitté l'Europe pour s'établir en Nouvelle-France à l'âge de 15 ans.   V   F

b) Sa première mission a été d'entrer en contact avec les Autochtones.   V   F

c) Charles Le Moyne était un noble parce que ses parents étaient aussi des nobles.   V   F

d) Charles Le Moyne a fait de la traite des fourrures avec les Autochtones.   V   F

Voici quelques groupes sociaux composant la population
de la Nouvelle-France vers 1645.

Les censitaires

Les censitaires pratiquent l'agriculture et font de l'élevage.
Ce sont habituellement des gens pauvres. Ils obtiennent
une portion de la terre d'un seigneur. Les censitaires
cultivent cette portion de terre et doivent donner au
seigneur une partie de leur récolte.

Les nobles

Les nobles sont des personnes qui ont des privilèges.
Ils ont plus de droits que les autres groupes sociaux.
Le roi ou le gouverneur leur donnent des terres.
Les nobles deviennent les propriétaires et les
seigneurs de ces terres. Ce sont aussi eux qui
dirigent l'armée.

Les soldats et les miliciens

Les soldats sont les militaires qui travaillent à
temps plein dans l'armée. À partir de 1649,
l'armée est appuyée par les miliciens canadiens.
Les miliciens sont en général de simples censitaires.
Ils sont obligés d'aider les soldats lorsqu'on
leur demande.

2 Associe chaque énoncé à un ou à plusieurs groupes sociaux de la Nouvelle-France. Fais un « x » dans la ou les bonnes colonnes.

	Les censitaires	Les nobles	Les soldats	Les miliciens
a) Ils doivent donner une partie de leur récolte au seigneur.				
b) Ils font partie d'une classe sociale privilégiée héritée de leurs parents ou ils y accèdent par décision du roi.				
c) Ce sont des militaires qui travaillent à temps plein dans l'armée.				
d) Ce sont des gens généralement pauvres.				
e) Ils ont des droits et des privilèges que les autres n'ont pas.				
f) Ils pratiquent l'agriculture et font de l'élevage.				
g) Ils possèdent souvent beaucoup d'argent.				
h) Ce sont des gens du peuple qui doivent aider les soldats.				
i) Ils reçoivent des terres et ils en deviennent propriétaires.				
j) Ils sont déclarés seigneurs de leur terre.				
k) Ils dirigent l'armée.				

3 Selon toi, quel groupe social est le moins favorisé en Nouvelle-France ? Explique ta réponse.

_____

_____

_____

4 Trouve les mots qui manquent dans chaque phrase pour remplir la grille de mots entrecroisés.

a) Charles Le Moyne s'est établi à _____ avec son épouse.

b) Le roi et Maisonneuve ont offert une _____ à Charles Le Moyne.

c) Les _____ cultivent la terre et donnent une partie de leur récolte.

d) Les _____ sont des militaires qui travaillent à temps plein dans l'armée.

e) Les _____ sont les personnes de la classe sociale la plus privilégiée.

5 Complète ce texte à l'aide de la banque de mots.

agriculture • censitaires • communautés religieuses • nobles • roi de France • seigneur • seigneuries

Vers 1645, une partie des terres de la Nouvelle-France est divisée en _____.

Le _____ et la Compagnie des Cent-Associés donnent des seigneuries à des

personnes ou à des groupes de personnes, comme des _____.

La personne qui possède une seigneurie est appelée un _____. Cette personne

fait partie du groupe social des _____. Les colons qui obtiennent une terre

d'un seigneur sont des _____. Ceux-ci pratiquent l'_____

sur ces terres pour se nourrir, mais ils doivent remettre une partie de leur récolte au seigneur.

D'autres groupes sociaux
en Nouvelle-France

Kwe! Je suis le chef algonquin **Pieskaret**. On m'appelle la « terreur des Iroquois », car je suis un redoutable guerrier.

De nombreux Français viennent nous voir. Les jésuites veulent nous convertir à la religion catholique. Les coureurs des bois veulent des peaux et des fourrures.

J'aime beaucoup les artisans français. Ils fabriquent des objets utiles comme des chaudrons et des couteaux. Les commerçants, eux, nous offrent des tissus et des perles. Nous obtenons toutes ces choses en échange de fourrures.

Jeanne Mance, Maisonneuve et Marguerite Bourgeoys souhaitent que mon peuple s'établisse à Ville-Marie, mais nous préférons rester nomades.

1 Pourquoi surnomme-t-on Pieskaret la « terreur des Iroquois » ?

_____

_____

Voici d'autres groupes sociaux qui composent la population en Nouvelle-France.

Les Autochtones

La Nouvelle-France se développe grâce à l'alliance des Français avec certaines nations autochtones, comme les Hurons-Wendats, les Algonquins, les Innus et les Micmacs. Ces Autochtones commercent avec les Français. Ils vivent auprès des colons toute l'année ou campent l'été près des établissements français. Certains délaissent la spiritualité autochtone et deviennent catholiques.

D'autres Autochtones, comme les Iroquois, sont aussi présents sur le territoire, mais ils sont ennemis des Français.

Les religieux

Les religieux sont très nombreux en Nouvelle-France. Tous les religieux sont célibataires, c'est-à-dire qu'ils ne se marient pas et ne fondent pas de famille. Ils consacrent leur vie à la religion. Ils s'assurent que les colons obéissent aux règles de la religion catholique. Plusieurs religieux sont des missionnaires. Cela signifie qu'ils suivent les groupes autochtones nomades ou vont dans les villages des Autochtones sédentaires pour essayer de les convertir à la religion catholique.

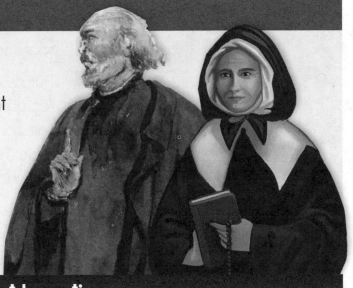

Les commerçants et les artisans

L'économie de la colonie dépend en grande partie de la traite des fourrures. Les coureurs des bois parcourent le territoire pour aller à la rencontre des Autochtones. Ils apportent aux Autochtones divers objets qu'ils échangent contre des fourrures. Les commerçants, eux, achètent les fourrures aux coureurs des bois pour les revendre en Europe. Les commerçants sont très nombreux en Nouvelle-France.

Les artisans, bien moins nombreux, fabriquent des objets ou rendent des services utiles à la colonie. Par exemple, les ébénistes fabriquent des chaises et les cordonniers réparent des chaussures. Les commerçants et les artisans sont presque toujours des hommes.

2 Relie chaque groupe de personnes à la raison pour laquelle il côtoie les Autochtones.

a) Les jésuites •

b) Les coureurs des bois •

c) Les artisans français •

d) Les commerçants •

e) Jeanne Mance, Maisonneuve
et Marguerite Bourgeoys •

• Pour les convaincre de s'établir à Ville-Marie.

• Pour obtenir des peaux de castors.

• Pour les convertir à la religion catholique.

• Pour échanger des perles et des tissus contre des peaux et des fourrures.

• Pour échanger des objets et des outils en métal.

3 Pourquoi les Français ont-ils besoin des Autochtones ?
Encercle les bonnes réponses.

a) Parce que les Français veulent que les Autochtones s'installent avec eux pour augmenter le nombre d'habitants dans la colonie.

b) Parce qu'ils veulent adopter le même mode de vie que les Autochtones dans la nouvelle colonie.

c) Parce que le roi désire que les Autochtones deviennent les dirigeants de la colonie.

d) Parce que les Français veulent faire du troc avec eux pour obtenir des fourrures.

e) Parce que les Français veulent adopter la spiritualité autochtone.

f) Parce que les Autochtones peuvent aider les Français à combattre le scorbut.

4 Associe chaque énoncé à un groupe social de la Nouvelle-France. Fais un « x » dans la bonne colonne.

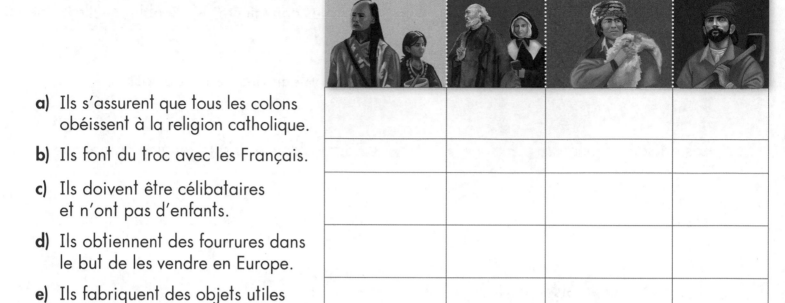

	Les Autochtones	Les religieux	Les commerçants	Les artisans
a) Ils s'assurent que tous les colons obéissent à la religion catholique.				
b) Ils font du troc avec les Français.				
c) Ils doivent être célibataires et n'ont pas d'enfants.				
d) Ils obtiennent des fourrures dans le but de les vendre en Europe.				
e) Ils fabriquent des objets utiles ou les réparent.				

5 Complète ce schéma qui montre les étapes du commerce en Nouvelle-France. Utilise la banque de mots.

artisans • Autochtones • commerçants • coureurs des bois

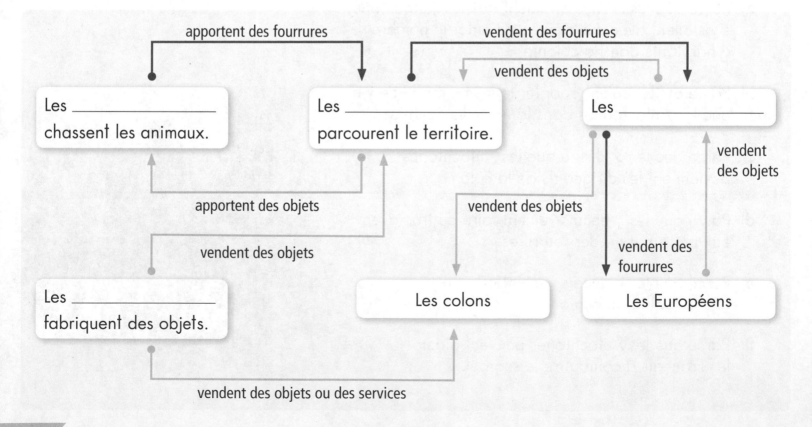

Des traces de la Nouvelle-France de 1645

Bonjour! Je suis **Marie Rollet**. On dit que je suis la mère de la Nouvelle-France, parce que j'ai été la première femme à vivre ici avec ma famille.

Mon mari Louis Hébert, nos enfants et moi sommes arrivés à Québec en 1617. Louis est mort quelques années après notre arrivée. Je me suis alors remariée.

Dans ma vie, j'ai souvent été la première : première agricultrice, première infirmière, première enseignante… J'ai ouvert la voie à mes filles et à toutes celles qui bâtissent le Québec, le Canada et l'Amérique d'aujourd'hui.

1 Pourquoi dit-on que Marie Rollet est la mère de la Nouvelle-France ?
Encercle la bonne réponse.

a) Parce qu'elle a eu plusieurs enfants.

b) Parce qu'elle était la seule femme en Nouvelle-France.

c) Parce qu'elle a été la première femme à s'installer en Nouvelle-France avec sa famille.

d) Parce qu'elle était la femme du roi de France.

De grandes villes francophones

Les postes de traite que les premiers Français fondent deviennent des établissements qui leur permettent de prendre racine en Nouvelle-France. Ces premiers établissements sont Québec, Trois-Rivières et Ville-Marie. Ils se développent et deviennent trois grandes villes francophones. Québec et Trois-Rivières ont conservé leur nom d'origine, tandis que Ville-Marie est devenue Montréal. Toutes ces villes sont situées au Québec.

Des traces des fondateurs

Rue du Petit-Champlain dans le Vieux-Québec.

Pont Laviolette à Trois-Rivières.

Monument à Maisonneuve dans le Vieux-Montréal.

2 Encercle les images qui représentent des traces de la Nouvelle-France de 1645.

(1)

Hôpital Charles-Lemoyne, à Longueuil.

(2)

Place-Ville-Marie, à Montréal.

(3)

Pont Pierre-Laporte, à Québec.

(4)

Musée des beaux-arts, à Montréal.

(5)

Ville de Montmagny, dans la région de Chaudière-Appalaches.

(6)

Statue de Maurice Richard, à Montréal.

3 Peux-tu nommer un élément de la vie actuelle qui est une trace laissée par la Nouvelle-France de 1645 ?

_____

_____

_____

Une vaste population francophone

Les quelques familles de colons établis en Nouvelle-France comptent souvent quatre ou cinq enfants, parfois plus. La plupart de ces enfants, une fois devenus adultes, se marient. Ils fondent à leur tour des familles nombreuses. C'est ainsi que la petite population de la Nouvelle-France devient avec le temps une vaste population francophone. En 1645, la Nouvelle-France comptait environ 1 000 colons français. Aujourd'hui, il y a plus de 7 millions de francophones au Canada.

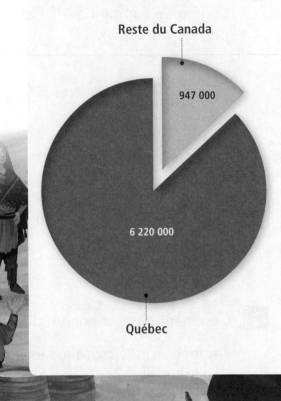

Nombre de personnes au Canada qui ont le français comme langue maternelle (en 2016)

Reste du Canada

947 000

6 220 000

Québec

4 Observe le graphique ci-dessus. Encercle les énoncés qui lui correspondent.

a) Les Canadiens dont la langue maternelle est le français habitent tous au Québec.

b) On trouve des personnes dont la langue maternelle est le français ailleurs qu'au Québec.

c) La majorité des personnes de langue maternelle française au Canada se trouve au Québec.

d) La langue maternelle de toutes les personnes vivant au Canada est le français.

5 Observe le tableau ci-contre. Encercle l'énoncé qui lui correspond.

a) Le nombre de personnes dont la langue maternelle est le français a beaucoup augmenté au Canada au fil du temps.

b) Le nombre de personnes dont la langue maternelle est le français a peu changé depuis les débuts de la Nouvelle-France.

Évolution de la population canadienne qui a le français comme langue maternelle

Année	Nombre de personnes
1645	1 000
1745	55 000
1901	1 300 000
2016	7 167 000

6 Pourquoi la population de la Nouvelle-France a-t-elle augmenté rapidement? Place les lettres en ordre pour le découvrir.

l   a   m   e   i   s   f   l

_ _ _ _ _ _ _ _

r   m   e   s   u   o   e   n   b   s

_ _ _ _ _ _ _ _ _ _

Plusieurs de mes descendants auront des familles nombreuses. Aujourd'hui, plus de 170 000 personnes me comptent parmi leurs ancêtres! En fais-tu partie?

7 Comment nomme-t-on un pays où une grande partie de la population parle français?

Replace dans l'ordre les lettres des noms de personnages ou de lieux et écris-les dans la grille. Replace ensuite les lettres en vert pour trouver la réponse.

CUAQEJS CEIRATR

LEUVOENL–CENFAR

SEULAM DE PLIHNAMCA

VELTALTEOI

SOITR–VIRIÈRSE

QUÉCEB

Réponse: C'est un pays _____ .

Révision du chapitre 1

Complète le résumé à l'aide de la banque de mots.

agriculture • artisans • autochtones • canot • censitaires • Champlain
coiffe • Compagnie des Cent-Associés • Français • lard • Maisonneuve
miliciens • région des Grands Lacs • religion catholique • Trois-Rivières

La société française en Nouvelle-France vers 1645

Principales colonies

- Québec, fondée en 1608 par _____
- _____, fondée en 1634 par Laviolette
- Ville-Marie, fondée en 1642 par _____

Composition de la population

- 1 000 _____
- 40 000 Autochtones

Activités économiques

- commerce des fourrures
- _____
- chasse et pêche

Vêtements

- chapeau de feutre
- _____
- haut-de-chausse
- mitaines
- justaucorps

Moyens de transport

- marche
- raquettes
- bateau
- _____
- charrette

Alimentation

- soupe aux pois
- anguille
- lièvre
- _____
- pain de blé
- légumes bouillis

Langues parlées

- langue française
- langues _____

Religions pratiquées

- _____
- spiritualités autochtones

Groupes sociaux

- _____
- commerçants
- nobles
- _____
- soldats et _____
- Autochtones
- religieux

Dirigeants

- _____
- gouverneur

Territoires occupés

- _____
- basses-terres du Saint-Laurent

© 2020, Les Éditions CEC inc. • **Reproduction interdite**

Chapitre 1 • Révision du chapitre 1   **73**

Chapitre 2

La société **canadienne** en **Nouvelle-France** vers **1745**

François Bigot, qui dirige la forteresse de Louisbourg en Nouvelle-France, est en compagnie de Marie-Anne Guérin, une commerçante. Ils accueillent le corsaire Jean Lelarge qui vient d'arriver de France avec une cargaison de sel. Ils sont tous les trois dans la tour de la chapelle militaire de Louisbourg.

François Bigot explique à Jean Lelarge que les provisions viennent parfois à manquer. Marie-Anne Guérin précise : «Le sel qui provient d'Europe est essentiel à la survie de la colonie. Même si les colons se sont adaptés à l'hiver en se déplaçant en raquettes pour chasser comme les Micmacs, le peu de viande qu'ils rapportent ne suffit pas à les nourrir durant tout l'hiver. Les colons doivent compléter leur alimentation avec les aliments qu'ils conservent dans le sel, comme par exemple, le lard salé.»

Quel moyen de transport les colons de Louisbourg ont-ils emprunté aux Micmacs pour se déplacer durant l'hiver?

Observe les trois personnages dans la tour. D'après toi, pourquoi l'un d'eux ne porte-t-il pas de vêtements adaptés à l'hiver?

Comment crois-tu que les habitations de Louisbourg sont chauffées?

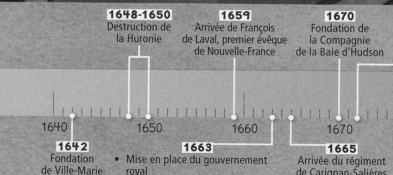

1648-1650
Destruction de la Huronie

1659
Arrivée de François de Laval, premier évêque de Nouvelle-France

1670
Fondation de la Compagnie de la Baie d'Hudson

1640 1650 1660 1670

1642
Fondation de Ville-Marie

1663
• Mise en place du gouvernement royal
• Arrivée des premières Filles du Roy

1665
Arrivée du régiment de Carignan-Salières

1672
Arrivée de
Frontenac

1701
Grande Paix
de Montréal

1725
180 seigneuries
en Nouvelle-France

1745
Attaque
de Louisbourg

1680   1690   1700   1710   1720   1730   1740   1750

1690
Siège
de Québec

1706
Début de la construction
du Chemin du Roy

1738
Fondation des Forges
du Saint-Maurice

1750
Début de la déportation
des Acadiens

De **1645** à **1663** : la fin de la **colonie comptoir**

Essor : Développement rapide et continu.

Salut ! Je suis **Pierre-Esprit Radisson**. J'arrive en Nouvelle-France, à Trois-Rivières, à l'âge de 10 ans. À cette époque, les Français et leurs alliés autochtones sont en guerre contre les Iroquois. Quelques années plus tard, au cours d'une bataille, les Iroquois me capturent, puis m'adoptent.

Je vis parmi eux, j'apprends leurs coutumes et plusieurs langues autochtones. J'explore le territoire de la région des Grands Lacs jusqu'à la baie d'Hudson.

Ma connaissance du territoire et des langues autochtones fait de moi un excellent coureur des bois. Je participe à la fondation de la Compagnie de la Baie d'Hudson, la plus ancienne entreprise en Amérique du Nord encore en activité. Je rapporte beaucoup de fourrures aux commerçants. Mon succès contribue à l'essor de Ville-Marie.

1 Surligne les énoncés qui correspondent à Pierre-Esprit Radisson.

(1) Il vit parmi les Autochtones, il connaît leurs coutumes et leurs langues.

(2) Il explore la région des Grands Lacs et se rend jusqu'à la baie d'Hudson.

(3) Il fonde la ville de Trois-Rivières.

(4) Il fait la traite des fourrures avec les Autochtones.

(5) Il fonde la Compagnie de la Baie d'Hudson.

Un territoire qui s'agrandit

Entre 1645 et 1663, de plus en plus de coureurs des bois parcourent les forêts de l'Amérique du Nord pour se procurer des fourrures auprès des Autochtones. Par exemple, Pierre-Esprit Radisson explore la région près du lac Supérieur qui était inconnue des Français. Ces expéditions pour faire la traite des fourrures font en sorte que les Français découvrent de nouvelles parties de territoire. Ils ajoutent ces parties de territoire à celui de la Nouvelle-France.

Le territoire de la Nouvelle-France vers 1663

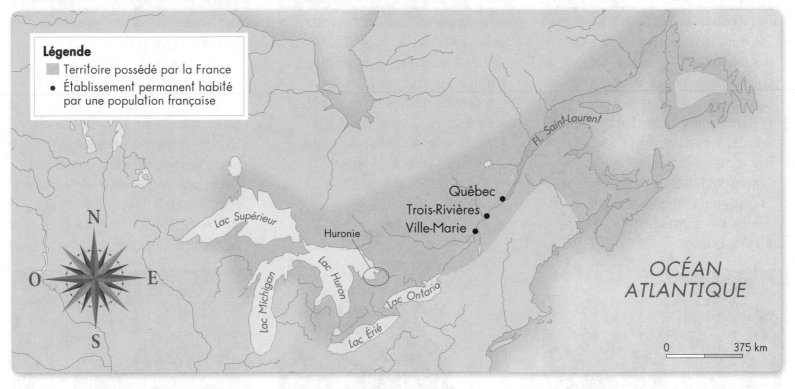

2 Pour quelle raison le territoire de la Nouvelle-France s'agrandit-il vers 1663? Coche la bonne réponse.

☐ Les coureurs des bois vont de plus en plus loin pour obtenir des fourrures.

☐ Les colons manquent d'espace et ils fondent de nouveaux villages.

☐ Le roi décide d'agrandir la Nouvelle-France.

☐ Les colons doivent déménager, car les Iroquois ont pris leurs villes lors des guerres.

3 Observe la carte. Comment nomme-t-on la région au nord du lac Ontario près du lac Huron en 1663?

_____

Des événements importants

Entre 1645 et 1663, la Nouvelle-France est une colonie comptoir où les Français viennent surtout pour faire le commerce des fourrures. La grande majorité des colons sont des hommes. À partir de 1663, par décision du roi, des femmes et des familles seront envoyées en Nouvelle-France pour peupler la colonie et s'y installer à long terme.

Évêque : Chef de l'église catholique sur un territoire.

1648-1650 Destruction de la Huronie	**1659** Arrivée du premier évêque	**1663** Mise en place du gouvernement royal

Les Hurons-Wendats sont des alliés des Français. Un grand nombre vit dans des dizaines de villages près du lac Huron. Ce territoire, nommé la Huronie, est souvent attaqué par les Iroquois qui veulent contrôler le commerce des fourrures. Les Hurons-Wendats perdent la guerre et quittent la Huronie. Certains d'entre eux s'installent à Wendake, près de Québec.

Le roi de France nomme François de Laval **évêque** de Nouvelle-France. Il arrive à Québec en 1659. Il est responsable d'organiser les activités religieuses dans la colonie. Il fait construire des églises et des écoles. Il fait aussi venir de nombreux religieux catholiques en Nouvelle-France.

En 1663, le roi de France reprend les pouvoirs qu'il avait donnés à la Compagnie des Cent-Associés. Le roi met en place un nouveau gouvernement en Nouvelle-France. Sous le gouvernement royal, la Nouvelle-France devient une colonie de peuplement. Le roi enverra plus de colons en Nouvelle-France pour qu'ils cultivent la terre et qu'ils peuplent le territoire.

4 Situe les trois événements suivants sur la ligne du temps.

Arrivée du premier évêque • Destruction de la Huronie • Mise en place du gouvernement royal

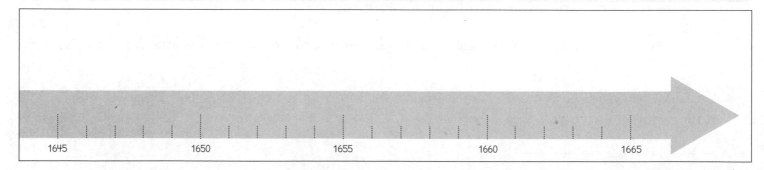

1645   1650   1655   1660   1665

De 1663 à 1701 : une colonie de peuplement

Prospérer : S'enrichir, progresser.
Débarquer : Descendre d'un navire.

Bonjour! Je suis **Jeanne Crevier**. Avec mon mari Pierre Boucher, j'ai fondé Boucherville, une seigneurie située sur la rive sud du Saint-Laurent, près de Ville-Marie.

Entre 1663 et 1701, il est risqué de s'établir à l'extérieur des murs de Québec, de Trois-Rivières ou de Ville-Marie. Les guerres contre les Iroquois font rage. Malgré cela, mon mari et moi réussissons à faire prospérer la seigneurie.

Durant cette période, il s'en passe des choses! Maisonneuve est rappelé en France. Un nouveau gouvernement est mis en place. Des Filles du Roy débarquent dans la colonie. De plus, Ville-Marie perd sa fondatrice lorsque Jeanne Mance meurt en 1673.

1 Pourquoi est-il risqué pour des colons comme Jeanne Crevier de s'établir ailleurs que dans les villes ? Coche la bonne réponse.

☐ Parce que Jeanne Mance, fondatrice de Ville-Marie, est décédée.

☐ Parce que les Iroquois sont en guerre et peuvent attaquer les endroits qui ne sont pas protégés.

☐ Parce qu'un nouveau gouvernement est mis en place dans la colonie.

☐ Parce que les Filles du Roy débarquent dans la colonie.

Un territoire immense

Entre 1663 et 1701, de nombreux Français effectuent de grandes expéditions en Amérique du Nord. Ils continuent de faire des ententes avec des groupes autochtones pour le commerce des fourrures. Ils construisent des postes de traite et ils organisent des missions religieuses. C'est ainsi que le territoire de la Nouvelle-France s'agrandit de plus en plus.

Aux yeux des Français, ces explorateurs découvrent de nouveaux territoires. Pour les Autochtones, ces explorateurs ne font que prendre connaissance de l'existence de territoires qui leur appartiennent et sur lesquels ils vivent depuis toujours.

Des expéditions françaises en Amérique du Nord et le territoire de la Nouvelle-France vers 1701

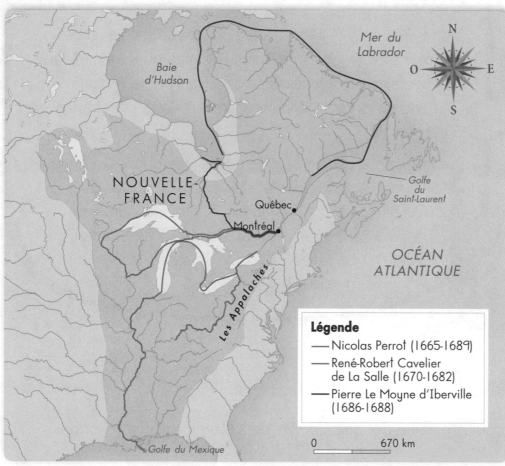

Je suis Pierre Le Moyne d'Iberville. J'ai aussi fait d'autres explorations. J'ai déjà navigué jusqu'au golfe du Mexique en passant par l'océan Atlantique.

Légende
— Nicolas Perrot (1665-1689)
— René-Robert Cavelier de La Salle (1670-1682)
— Pierre Le Moyne d'Iberville (1686-1688)

0   670 km

2   Observe la carte. Quel explorateur français :

a) s'est rendu le plus au sud du territoire de la Nouvelle-France ? _____

b) s'est rendu le plus au nord du territoire de la Nouvelle-France ? _____

c) a exploré la partie ouest du territoire de la Nouvelle-France ? _____

Une augmentation de la population

Avant 1663, il y a très peu de femmes dans la colonie. Il y a surtout des hommes. En 1663, un premier groupe de Filles du Roy arrive en Nouvelle-France. Ce sont des femmes d'environ 20 ans, élevées dans des orphelinats en France. Le roi, qui veut peupler la colonie, les envoie en Nouvelle-France pour que chaque colon puisse trouver une épouse et fonder une famille.

> Orphelinat : Établissement qui prend soin d'enfants qui ont perdu leurs parents.

Entre 1663 et 1673, environ 800 Filles du Roy débarquent en Nouvelle-France. De nombreux enfants viennent au monde durant cette période. De plus, des couples déjà formés arrivent directement de France. De 1663 à 1701, la population française de la colonie passe de 2 500 personnes à environ 16 000 personnes.

3 **a)** Pourquoi le roi de France envoie-t-il 800 Filles du Roy en Nouvelle-France ?

_____

b) Le roi a-t-il atteint son objectif ? Explique ta réponse. ☐ Oui ☐ Non

Explication : _____

La guerre et la paix avec les Autochtones

La Grande Paix de Montréal

Depuis ses débuts, la Nouvelle-France est en guerre contre les Iroquois. Les Français se sont installés sur leur territoire. De plus, ils se sont alliés à des Autochtones ennemis des Iroquois. De 1670 à 1680, les attaques de villages français et iroquois sont de plus en plus fréquentes. Après ces années de combats, les Français et les Iroquois réussissent à s'entendre pour arrêter la guerre. Une grande cérémonie est alors organisée sur l'île de Montréal en 1701 au cours de laquelle Autochtones et Français signent un traité de paix. Cet événement est appelé la Grande Paix de Montréal.

4 Lis les deux énoncés suivants.

> Pour mettre fin aux attaques entre les Iroquois et les Français, un traité de paix est signé entre les deux peuples en 1701.

> Depuis 1670, les Français attaquent les Iroquois, sans que ceux-ci puissent bien se défendre. En 1701, le roi donne l'ordre de cesser ces attaques.

a) Encercle l'énoncé qui est vrai. Utilise ensuite les lettres surlignées dans l'énoncé que tu as encerclé pour former le nom de l'endroit où s'est négocié un important traité en 1701.

_____

La diversification de l'économie

En 1663, le commerce des fourrures est l'activité économique
la plus importante en Nouvelle-France. Entre 1663 et 1701, les
autorités françaises souhaitent **diversifier** les activités économiques
dans la colonie. Elles décident de mettre sur pied des **entreprises
artisanales**. Elles adoptent des lois pour encourager la population à
cultiver la terre et ouvrent des écoles pour enseigner divers métiers.
On confie la réalisation de ces projets à Jean Talon, le premier
intendant de la Nouvelle-France.

Diversifier : Faire varier.

Entreprise artisanale : Petite
entreprise dans laquelle des artisans
fabriquent des produits à la main.

Intendant : Personne responsable
de l'administration d'un territoire
au nom du roi.

Exemples de projets pour diversifier l'économie

Projets	Année	Activité économique
Premier chantier naval	1666	Construction de bateaux
Construction de moulins à grains sur toutes les terres agricoles	1667	Production de farine
Première brasserie	1668	Production de bière
Première tannerie	1670	Production de cuir
Première cordonnerie	1670	Fabrication de bottes et de chaussures
Ouverture de la première école des arts et métiers	1680	Enseignement des métiers d'artisanat

Jean Talon visitant un chantier naval
à Québec.

5 Encercle les cases qui représentent une activité économique de la Nouvelle-France lorsque
Jean Talon est intendant.

Fabrication de bottes et de chaussures

Impression de journaux

Production de caméras pour la photographie

Commerce des fourrures

Enseignement de l'artisanat

Construction de bateaux

6 À ton avis, pourquoi crois-tu qu'il est important pour la jeune colonie de diversifier
ainsi l'économie ?

_____

_____

_____

De 1701 à 1745 : l'essor de la colonie

Bonjour! Je suis **Louis-Hector de Callière**. D'abord gouverneur de Montréal, je gouverne la Nouvelle-France de 1699 à 1703. C'est donc moi qui négocie la Grande Paix de Montréal avec les Autochtones en 1701. Cet événement, qui est le plus marquant de ma vie de gouverneur, met fin à près de 100 ans de guerre. Je suis fier de cet événement qui changera complètement les relations entre les Français et les Autochtones.

Après la signature du traité, la Nouvelle-France poursuit calmement son développement pendant près de 40 ans. Malheureusement, les guerres recommencent lorsque les Britanniques assiègent la forteresse de Louisbourg en 1745. Ce sera bientôt la fin de la Nouvelle-France.

1 Quel est l'événement le plus marquant auquel Louis-Hector de Callière a pris part ?

_____

2 Qu'est-ce qui a pris fin avec cet événement ?

_____

_____

L'Amérique du Nord, un territoire de plus en plus occupé

À partir des années 1600, la France développe sa colonie en Amérique, la Nouvelle-France. Pendant ce temps, la Grande-Bretagne y installe ses propres colonies. Elles sont situées, pour la plupart, sur la côte de l'océan Atlantique. On les appelle les « Treize colonies ». On trouve aussi d'autres colonies britanniques, soit la Terre de Rupert, l'île de Terre-Neuve et la Nouvelle-Écosse.

L'histoire de la Nouvelle-France est marquée par une série de conflits plus ou moins grands avec les colonies britanniques. La Nouvelle-France et les colonies britanniques se disputent souvent des parties de territoire pour en exploiter les ressources, comme les fourrures et le bois, et en faire le commerce. Entre 1702 et 1745, ces conflits deviennent parfois des guerres, où la France et la Grande-Bretagne doivent intervenir. Pour régler les conflits dans leurs colonies, les deux pays échangent certains territoires avec des traités de paix. Les colonies n'acceptent pas toujours ces échanges. Les colons continuent de se battre pour occuper ces territoires et y exploiter les ressources.

Le territoire de la Nouvelle-France vers 1745

Légende
- Nouvelle-France
- Territoire contesté
- Colonie britannique

3 Observe la carte.

a) Situe l'endroit où tu habites actuellement. De quel territoire faisait-il partie en 1745? Coche la bonne réponse.

☐ La Nouvelle-France ☐ Une colonie britannique ☐ Un territoire contesté

b) Nomme le nom des colonies britanniques qui ne font pas partie des Treize colonies.

_____

4 Compare la carte ci-dessus à celle de la page 80. Quelle est la conséquence des nombreux conflits entre la Nouvelle-France et les colonies britanniques? Coche la bonne réponse.

☐ La Nouvelle-France perd une partie de son territoire.

☐ Les colonies anglaises perdent une partie de leur territoire.

Une population qui augmente toujours

Entre 1701 et 1745, la France n'envoie plus de Filles du Roy
en Nouvelle-France. Grâce à l'arrivée de nouveaux couples
mariés, la population de la colonie continue d'augmenter.
Les femmes de la colonie ont beaucoup d'enfants. Ainsi,
de 1700 à 1745, la population française de la Nouvelle-France
passe d'environ 16 000 colons à environ 55 000 colons.

5 Complète ce diagramme à ligne brisée. Place les points qui correspondent à la population
de la Nouvelle-France aux années surlignées.

Population de la Nouvelle-France

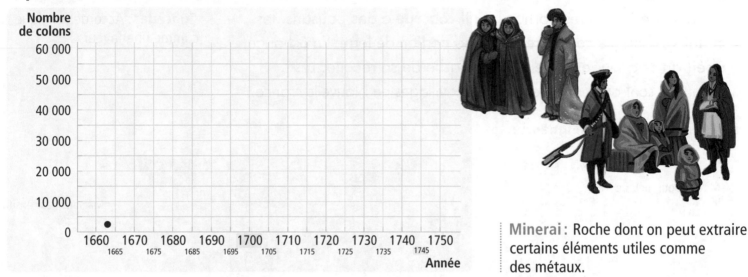

Minerai : Roche dont on peut extraire
certains éléments utiles comme
des métaux.

Une économie qui se diversifie de plus en plus

Entre 1701 et 1745, l'économie de la Nouvelle-France continue
à se diversifier. La création d'entreprises artisanales se poursuit.
De grandes entreprises sont aussi créées. Par exemple, les Forges
du Saint-Maurice s'installent près de Trois-Rivières en 1738 afin
d'exploiter le minerai de fer de la région. Ces forges permettent
aux colons de fabriquer du fer, ainsi que divers objets en fer.

Forges du Saint-Maurice.

6 Fais un « x » sur le nom des objets qui ne sont pas fabriqués dans une forge.

Chapeau

Chaudron

Boulet de canon

Tasses

Hache

Le régime seigneurial

La grande majorité des colons de la Nouvelle-France s'installe dans la région des basses-terres du Saint-Laurent. Il y a plusieurs villages le long du fleuve où les habitants vivent de l'agriculture. Le même régime seigneurial établi en France est mis en place en Nouvelle-France. Ce régime est une manière de distribuer les terres aux habitants qui facilite l'accès à l'eau.

Dans ce régime, les dirigeants politiques donnent de grandes surfaces de terre, qu'on appelle des seigneuries, à des nobles ou à des groupes de personnes comme des communautés religieuses. Un noble qui reçoit une seigneurie en devient le seigneur. Il divise sa seigneurie en petites portions qu'il **concède** à des paysans, les censitaires. Chaque censitaire cultive sa portion de terre. En échange, il obéit au seigneur et lui remet une partie de sa récolte. Les seigneuries sont au centre des nouveaux villages en Nouvelle-France.

Concéder : Accorder quelque chose comme une faveur.

L'organisation d'une seigneurie

- Moulin pour moudre le blé
- Chapelle construite pour le curé
- Quai
- Maisons des censitaires
- Route de rang
- Manoir du seigneur
- Route du bord de l'eau
- Rivière ou fleuve Saint-Laurent

7 Vrai ou faux ? Coche la bonne réponse.

a) Les censitaires donnent des terres à des nobles qui sont nommés seigneurs. V F

b) Les seigneurs divisent et concèdent leurs terres à des censitaires. V F

c) Les dirigeants politiques doivent obéir aux seigneurs. V F

d) Les censitaires doivent donner une partie de leur récolte aux seigneurs. V F

Le territoire de la colonie vers 1745

Kwe! Je suis **Pontiac**, chef de guerre algonquien. Je suis un allié des Français et les Britanniques sont mes ennemis.

Je suis né dans la région des Grands Lacs. En 1745, ce territoire fait partie de la Nouvelle-France. J'aide les Français à protéger ce territoire parce que nous faisons du commerce avec eux.

Je parcours souvent la région pour unir les nations autochtones contre l'invasion britannique. Des colons britanniques s'installent sur nos terres sans permission. Plus tard, quand les Britanniques gagneront le territoire de la Nouvelle-France, je continuerai de résister. J'appellerai alors toutes les nations autochtones à lutter pour reconquérir ce territoire.

1 Encercle les groupes de mots qui complètent correctement chaque énoncé.

a) Pontiac est un guerrier autochtone né dans la région des basses-terres du Saint-Laurent | Grands Lacs .

b) Les Britanniques | Français sont ses ennemis.

c) Après la victoire | défaite des Britanniques, il continue d'encourager les Autochtones | Français à lutter pour conserver leur territoire.

Les principales régions naturelles de la Nouvelle-France

Vers 1745, le territoire de la Nouvelle-France est immense. Il est composé de plusieurs régions naturelles. Chacune d'elles possède des caractéristiques particulières.

Les principales régions naturelles de la Nouvelle-France

Basses-terres du Saint-Laurent

- Étés courts et pluvieux ; hivers longs, enneigés et froids
- Relief de plaines
- Terres fertiles
- Montagnes à l'est (les Appalaches)
- Grand fleuve au centre (fleuve Saint-Laurent)
- Nombreux cours d'eau et lacs

Région des Grands Lacs

- Étés chauds et pluvieux ; hivers enneigés et froids
- Relief de vallées et de montagnes peu élevées
- Grandes forêts
- Grands lacs

Vallée de l'Ohio

- Étés longs, pluvieux et chauds ; hivers courts et doux
- Relief de vallées
- Forêts et prairies
- Montagnes à l'est (les Appalaches)
- Grand lac au nord (lac Érié)
- Nombreux cours d'eau

Légende
- ▢ Territoire français
- ▢ Territoire britannique

0   915 km

Zones connues, mais peu fréquentées par les personnes d'origine française

Vallée du Mississippi et Louisiane

- Climat chaud et humide
- Relief plat
- Grand fleuve au centre (fleuve Mississippi)
- Golfe du Mexique au sud

2 Observe la carte et les photographies de la page précédente. Relie chaque description à la région qui est décrite.

a) Dans cette région, le relief est plat et le climat est chaud. Un grand fleuve traverse cette région. •

b) On trouve des lacs et de grandes forêts dans cette région. Les hivers sont enneigés et froids. Il y a des montagnes peu élevées. •

c) Même si la saison chaude est courte, les terres sont très fertiles dans cette région, car le climat est pluvieux en été. On trouve une grande chaîne de montagnes à proximité. •

d) Cette région comprend des forêts, des prairies et des vallées. Les hivers sont courts et doux. •

• Les basses-terres du Saint-Laurent

• La région des Grands Lacs

• La vallée de l'Ohio

• La vallée du Mississippi et la Louisiane

3 Observe la carte et réponds aux questions.

a) Quel fleuve de la Nouvelle-France se rend jusqu'au golfe du Mexique ? _____

b) Quelle chaîne de montagnes borde les régions des basses-terres du Saint-Laurent et de la vallée de l'Ohio ? _____

Vers une colonisation du territoire de la Nouvelle-France

Vers 1745, le territoire de la Nouvelle-France est immense. Cependant, les 55 000 colons qui l'habitent ne sont pas répartis de manière égale sur ce territoire. Pour la plupart, ils vivent dans la région des basses-terres du Saint-Laurent. Chacune des régions de la Nouvelle-France présente pourtant des atouts et des contraintes à la colonisation.

Basses terres du Saint-Laurent

La région est protégée des Treize colonies par les Appalaches. Cette chaîne de montagnes constitue un obstacle naturel contre la menace britannique. Les terres fertiles et l'été chaud et pluvieux favorisent l'agriculture.

4 Lis chaque énoncé. Écris **C** s'il s'agit d'une contrainte à la colonisation de la région et **A** s'il s'agit d'un atout.

a) Les basses-terres du Saint-Laurent sont bordées par les Appalaches.

b) L'hiver est long et froid dans les basses-terres du Saint-Laurent.

Région des Grands Lacs

L'hiver froid et enneigé ainsi que les lacs et les forêts de cette région en font un milieu de vie idéal pour les animaux à fourrure. Les commerçants profitent de cette abondante ressource. Peu de colons habitent la région, car elle est très éloignée des principales villes de Nouvelle-France.

Vallée de l'Ohio

On trouve un grand nombre de forêts et de prairies dans cette région. Les nombreux Autochtones qui y vivent font le commerce des fourrures avec les Européens. La région est très éloignée des établissements français. Elle est aussi difficile à défendre sur le plan militaire, car elle se trouve très près du territoire des Treize colonies.

Vallée du Mississippi et Louisiane

Le climat chaud et humide et le relief plat de cette région favorisent l'agriculture. De nombreux Autochtones y vivent ainsi que des Africains, dont la plupart sont des **esclaves** qui travaillent dans des plantations françaises. Pour les colons français, il est difficile de se rendre en Louisiane. Ils peuvent passer par les Grands Lacs et descendre le fleuve Mississippi, ce qui prend beaucoup de temps. Ils peuvent aussi passer par l'océan Atlantique, mais la marine britannique protège cette région.

> **Esclave :** Personne sans liberté qui est au service d'une autre personne, considérée comme son propriétaire.

5 Lis chaque énoncé. Écris **C** s'il s'agit d'une contrainte à la colonisation de la région et **A** s'il s'agit d'un atout.

a) Le climat de la vallée du Mississippi et de la Louisiane est chaud et humide. ☐

b) La vallée de l'Ohio est éloignée des établissements français. ☐

c) Les animaux à fourrure sont nombreux durant l'hiver long et froid de cette région. ☐

d) Pour se rendre en Louisiane, les colons français doivent passer par les Grands Lacs et descendre le fleuve Mississippi. ☐

e) Des Autochtones font le commerce des fourrures dans la vallée de l'Ohio. ☐

f) Une grande distance sépare cette région du fleuve Saint-Laurent. ☐

Les **dirigeants** de la colonie vers **1745**

Pénurie : Manque ou rareté de ce qui est nécessaire.

Monnaie de carte : Carte à jouer au verso de laquelle le gouverneur indique la valeur qu'elle représente.

> Bonjour! Je m'appelle **Gilles Hocquart**. Je suis l'intendant de la Nouvelle-France en poste de 1729 à 1748. Je suis responsable de l'administration des finances et de la justice. Je veille aussi au maintien de l'ordre, au peuplement et au développement économique de la colonie.
>
> Sous mon intendance, une certaine stabilité économique s'installe enfin dans la colonie. C'est ma principale préoccupation. Lorsqu'il y a une pénurie de pièces de monnaie, je signe des cartes à jouer. Elles peuvent alors être utilisées comme de l'argent. Avec cette monnaie de carte, l'économie de la colonie peut continuer à se développer.

Exemple de carte signée par Hocquart valant 24 livres. La livre est la monnaie utilisée en France vers 1745.

1 Vrai ou faux ? Coche la bonne réponse.

a) Gilles Hocquart est l'intendant de la Nouvelle-France pendant près de 20 ans.

b) Sa seule responsabilité est de s'occuper des finances de la colonie.

c) Vers 1745, on utilise parfois des cartes à jouer pour acheter des choses en Nouvelle-France.

Le gouvernement royal de la Nouvelle-France

Avant 1663, la compagnie des Cent-Associés est responsable d'administrer la Nouvelle-France. En 1663, le roi Louis XIV décide de s'en occuper lui-même. Il crée un Conseil souverain composé d'un gouverneur général, d'un intendant, d'un évêque et de 5 à 12 conseillers. Ce conseil est dirigé par le roi. Le schéma suivant décrit le gouvernement royal.

Le premier Conseil souverain

L'évêque · Le gouverneur général · Un conseiller

L'organisation du pouvoir en Nouvelle-France vers 1745

Roi
- Possède tous les pouvoirs sur la Nouvelle-France.

Ministre de la Marine
- Informe le roi de ce qui se passe en Nouvelle-France.
- Informe le Conseil souverain des décisions du roi.

Conseil souverain
- Met en place les lois.
- Agit comme une cour de justice.

Évêque

- Dirige le personnel religieux.
- S'assure qu'on respecte la religion catholique.
- Fait construire des églises et des écoles.

Conseillers
- Donnent leur avis chacun dans leur domaine (médecine, construction, agriculture, etc.).

Gouverneur général
- Représente le roi.
- Négocie avec les nations autochtones voisines.
- Dirige l'armée.

Intendant
- Gère les finances et le développement de l'économie.
- Organise le peuplement.
- Planifie la construction des routes, ports, villages, etc.
- Agit comme juge.

Capitaines de milice

- Communiquent les décisions du Conseil souverain à la population.
- Entraînent les miliciens en cas de conflits armés.

Légende
- ■ Choisis par le roi
- ■ Proposé par le roi et choisi par le pape
- ■ Choisis par le gouverneur général

Population

2 Relie chacun de ces rôles à la personne ou au groupe de personnes qui l'exerce.

a) Il met en place les lois. •

b) Il s'occupe des finances et du peuplement de la colonie. •

c) Il détient tous les pouvoirs sur la colonie. •

d) Il représente le roi en Nouvelle-France. •

e) Il s'assure du respect de la religion catholique dans la colonie. •

f) Il est responsable de la communication entre le roi et la Nouvelle-France. •

g) Il entraîne les miliciens à combattre les ennemis. •

• Le roi de France

• Le ministre de la Marine

• Le Conseil souverain

• Le gouverneur général

• L'intendant

• L'évêque

• Le capitaine de milice

3 Parmi les personnes suivantes, encercle celles qui font partie du Conseil souverain.

Les colons

Le roi de France

L'intendant

Le gouverneur général

L'évêque

Les capitaines de milice

Les conseillers

Le ministre de la Marine

4 Nomme deux différences dans la façon de gouverner la Nouvelle-France en 1645 et en 1745.

Va à la page 42 pour voir comment la Nouvelle-France était gouvernée en 1645.

_____

_____

_____

_____

_____

L'armée en Nouvelle-France

L'armée de la Nouvelle-France est composée de soldats réguliers et de miliciens.

Les soldats réguliers de l'armée sont des hommes qui travaillent à temps plein dans l'armée. Ils sont organisés en plusieurs **régiments**. Un des principaux régiments est le régiment de Carignan-Salières, qui arrive en Nouvelle-France en 1665.

Régiment : Grand groupe de soldats de l'armée de terre dirigé par un colonel.

Dans la colonie, chaque homme âgé de 16 à 60 ans doit travailler un certain temps comme milicien. Les miliciens ont l'obligation de s'entraîner au moins une fois par semaine pour le combat. Cet entraînement est supervisé par les capitaines de milice. Au besoin, les miliciens sont envoyés au combat, sur ordre du Conseil souverain.

Des miliciens et des soldats de l'armée régulière

5 Colorie en rouge ce qui caractérise les soldats et en bleu ce qui caractérise les miliciens.

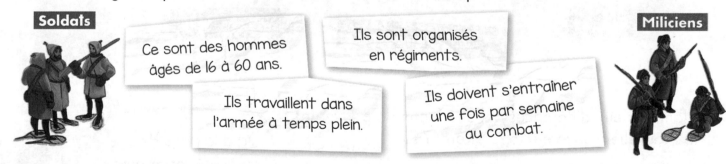

Soldats

Ce sont des hommes âgés de 16 à 60 ans.

Ils sont organisés en régiments.

Ils travaillent dans l'armée à temps plein.

Ils doivent s'entraîner une fois par semaine au combat.

Miliciens

5 Replace les lettres en ordre pour former le nom du principal régiment de soldats envoyé Nouvelle-France en 1665.

L A S I N C R È G E N A R I S A

Le régiment _____ – _____

L'économie
de la colonie vers 1745

Initiative : Action d'entreprendre quelque chose.

Innovation : Action d'introduire de la nouveauté dans un domaine.

Tisserand : Personne qui fabrique des tissus.

Bonjour! Je suis **Agathe de Repentigny**, une femme d'affaires née en Nouvelle-France.

Grâce à mon sens de l'initiative et de l'innovation, je joue un rôle important dans l'économie de la Nouvelle-France. Avec l'autorisation du roi, je fonde la première fabrique de tissus de la colonie. Mon entreprise produit aussi des vêtements et de la teinture à partir de matériaux que les Autochtones m'ont fait découvrir. Puisque la main-d'œuvre spécialisée est rare ici, j'emploie des tisserands européens. Ils vérifient la qualité des tissus et forment les premiers tisserands de la Nouvelle-France.

J'ai aussi fondé une fabrique de bonbons de sucre d'érable. Même le roi de France les adore! Merci aux Autochtones pour cette découverte!

1 **a)** Quelle entreprise Agathe de Repentigny fonde-t-elle avec l'autorisation du roi de France ?

_____

b) Que produit-on dans cette entreprise ?

_____

c) Qui Agathe de Repentigny fait-elle venir en Nouvelle-France pour l'aider dans son entreprise ?

_____

Une économie en développement

Entre 1645 et 1745, l'économie de la Nouvelle-France progresse à mesure que la population augmente.

En 1745, environ les trois quarts des habitants vivent à la campagne. L'économie dans les villages de campagne est basée sur l'agriculture et l'élevage. Le reste de la population, soit environ le quart, vit dans les villes où se trouvent des fabriques, des ateliers et de nombreux commerces.

La campagne vers 1745

Ⓐ

La ville vers 1745

Ⓑ

2 Observe les images ci-dessus. Indique la lettre de l'image qui correspond à chaque énoncé.

a) Environ 75 % de la population y vit.

b) Les colons y ont un emploi dans une fabrique.

c) De nombreux commerçants s'y sont installés.

Les activités économiques de la Nouvelle-France vers 1745

Certaines des activités économiques que l'on observe en 1745 en Nouvelle-France étaient déjà présentes dans la colonie en 1645. D'autres activités sont nouvelles.

L'agriculture et l'élevage

En 1645, très peu de colons vivent de l'agriculture et de l'élevage en Nouvelle-France. En 1745, la population a augmenté et la plupart des familles pratiquent ces activités. Les principales cultures sont le blé, l'avoine et les pois. On cultive aussi des légumes comme l'oignon, le navet, le chou et la carotte.

Les colons élèvent surtout le porc, le mouton, le bœuf et le cheval. On les élève pour leur viande, mais aussi pour d'autres raisons. Le mouton fournit de la laine. Le bœuf et le cheval servent au transport des charges. Les brebis et les vaches fournissent du lait.

La pêche et la chasse à la baleine

En 1745, la pêche et la chasse à la baleine sont toujours pratiquées dans les régions de la colonie qui bordent l'Atlantique. On produit de grandes quantités de poissons séchés et d'huile de baleine.

La chasse et la trappe

Ces activités demeurent au cœur de l'économie des Autochtones de 1645 à 1745. Pour les colons d'origine française, ces activités sont complémentaires. Dans les campagnes, les colons chassent et trappent pour compléter leur alimentation durant l'hiver.

Le commerce des fourrures

De 1645 à 1745, le commerce de la fourrure augmente en Nouvelle-France à mesure que son territoire s'étend. Les Français font de nouvelles alliances avec de nombreux groupes d'Autochtones. Ils obtiennent ainsi de plus en plus de fourrures qu'ils vendent à des marchands français pour la fabrication de chapeaux de castor.

Les industries

Entre 1645 et 1745, de nouvelles industries font leur apparition dans la colonie. En 1745, il y a des chantiers navals, des **tanneries** et des fabriques de tissus. On met en place une importante industrie de coupe de bois dans la vallée du Saint-Laurent. Ce bois sert entre autres à la construction de navires. La colonie exploite aussi des mines de fer et produit des objets en fer et en fonte.

Tannerie : Endroit où l'on transforme les peaux en cuir.

3 Complète le tableau suivant.

Activités économiques	Produits obtenus
	Poisson séché, huile de baleine
Commerce des fourrures	
	Blé, avoine, pois, oignon, navet, chou, carotte
Élevage	
Industries	

Le commerce triangulaire

En 1667, l'intendant Jean Talon met en place un système d'échange entre la France, la Nouvelle-France et les Antilles françaises. On appelle ce système d'échange entre ces trois territoires le commerce triangulaire.

Les Antilles françaises sont des colonies de la France situées dans des îles au climat tropical. On y cultive des produits qu'on ne trouve pas en Nouvelle-France, comme le café, le tabac et la canne à sucre, avec laquelle on fabrique du sucre, du rhum et de la mélasse. La production des Antilles françaises repose surtout sur le travail d'esclaves africains.

Grâce au commerce triangulaire, la Nouvelle-France peut faire parvenir plusieurs produits à la France et aux Antilles. En échange, la Nouvelle-France obtient d'autres produits provenant de ces deux endroits. En 1745, le commerce triangulaire est très actif.

Le commerce triangulaire vers 1745

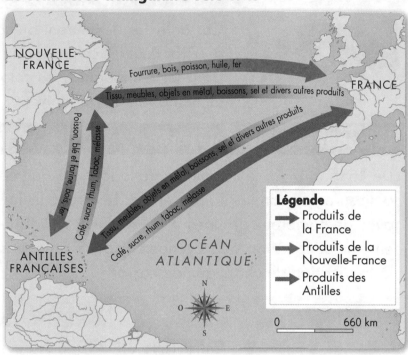

4 Complète ce schéma qui illustre le commerce triangulaire. Indique le nom des territoires aux bons endroits.

Antilles françaises • France • Nouvelle-France

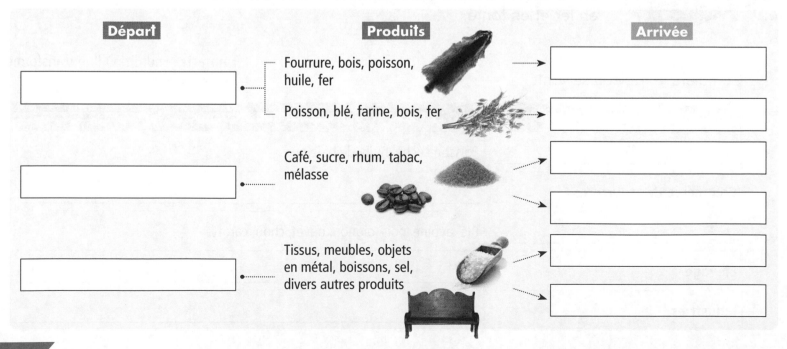

La population de la colonie vers 1745

Acadien : Habitant de la Nouvelle-France de la région des Maritimes.

Déporter : Expulser quelqu'un hors de son pays et lui interdire d'y revenir.

Salut ! Je m'appelle **Joseph Broussard dit Beausoleil**. Je suis un Acadien.

Un peu après 1745, 12 000 Acadiens, ma famille et moi perdons tout. Au nom du roi de Grande-Bretagne, le gouverneur prend nos terres et nos maisons et les donne à des colons britanniques. Il nous déporte ensuite.

Les Acadiens sont déportés un peu partout dans le monde. Moi, on m'amène en Haïti, puis en Louisiane. On trouve encore aujourd'hui en Louisiane des descendants francophones des victimes de la déportation acadienne. Nous appelons cet événement le Grand Dérangement.

1 Replace les lettres en ordre afin de former le mot manquant dans chaque phrase.

a) Joseph Broussard était un n d a a i c e _____.

b) Le gouverneur lui a pris tout ce qu'il possédait pour le donner à

des colons q u i t a i n b r e s n _____.

c) Après cela, il a dû se rendre en i t ï a h _____

et en n u o s a i e l _____.

d) Un grand nombre de francophones des Maritimes ont été victimes de

la n o i p é r o d t a t _____ acadienne.

Une population concentrée près du Saint-Laurent

En 1745, la population coloniale en Nouvelle-France est d'environ 55 000 personnes. Il y a presque autant de femmes que d'hommes dans la colonie.

La population coloniale vit en très grande partie dans la région des basses-terres du Saint-Laurent qu'on appelle le Canada. Une plus petite partie vit en Acadie et en Louisiane.

La population qui vit au Canada se concentre dans les trois plus grandes villes de la colonie et leurs environs : Québec, Trois-Rivières et Montréal.

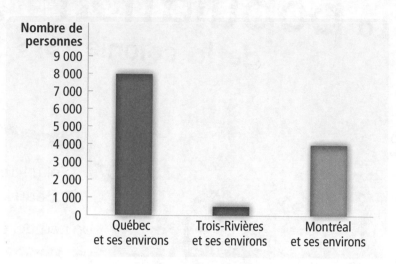

Population des trois principales villes de la Nouvelle-France en 1745

2. Observe le diagramme et réponds aux questions.

   a) Quelle est la ville la plus peuplée de Nouvelle-France en 1745 ? _____

   b) Combien y a-t-il d'habitants à Montréal et dans ses environs ? _____

   c) À ton avis, pour quelle raison la population coloniale se trouve-t-elle principalement dans les basses-terres du Saint-Laurent à cette époque ?

   _____

   _____

Les Acadiens

La région des Maritimes de la Nouvelle-France s'appelle l'Acadie. En 1713, les Britanniques prennent le contrôle d'une partie de l'Acadie. À partir de 1745, ils chassent les Acadiens de leur territoire. La population acadienne compte alors 12 000 personnes. Certains Acadiens trouvent refuge au Canada. La plupart des autres sont déportés ailleurs dans le monde par les Britanniques.

Déportation des Acadiens ou Grand Dérangement.

3. Combien d'Acadiens y a-t-il en Nouvelle-France en 1745 ? _____

Une population coloniale d'origine française

La presque totalité des 55 000 personnes qui composent la population coloniale de la Nouvelle-France est d'origine française. Seuls les habitants de la France ont le droit de venir coloniser la Nouvelle-France.

On trouve cependant des personnes qui ont des origines autres que françaises. Quelques dizaines de personnes sont nées dans des colonies britanniques. Elles ont été capturées au cours d'un conflit et amenées en Nouvelle-France. Dans la population coloniale au Canada, on compte aussi près de 300 personnes d'origine africaine. La plupart sont des esclaves au service de nobles de la Nouvelle-France.

Esther Wheelwright, une personne d'origine britannique en Nouvelle-France

Esther Wheelwright est née en 1696 dans une colonie britannique voisine de la Nouvelle-France. À l'âge de 7 ans, elle est capturée par des guerriers autochtones et des soldats français au cours d'un conflit dans son village. Elle est ensuite amenée en Nouvelle-France. Elle est élevée à Québec par les religieuses. Une fois adulte, elle devient elle-même une religieuse catholique et prend le nom de mère Marie-Joseph de l'Enfant-Jésus.

---

4 Relie chaque groupe de la population coloniale de la Nouvelle-France à sa description.

Personnes d'origine africaine

Personnes d'origine française

Personnes d'origine britannique

C'est le groupe de personnes le moins nombreux dans la colonie. La plupart de ces personnes ont été capturées au cours d'une guerre et amenées en Nouvelle-France.

Elles ont été amenées en Nouvelle-France pour servir d'esclaves aux nobles.

C'est le groupe le plus nombreux. Ces personnes sont venues directement de France pour coloniser la Nouvelle-France ou ce sont les descendants de colons français.

---

5 Pourquoi Esther Wheelwright est-elle venue en Nouvelle-France ? Coche la bonne réponse.

- [ ] Sa famille y a toujours vécu.
- [ ] Elle a décidé de quitter son village autochtone.
- [ ] Elle a été enlevée à l'âge de 7 ans au cours d'un conflit dans son village.

La population autochtone

La population coloniale de la Nouvelle-France, c'est-à-dire l'ensemble des personnes qui participent à la colonisation du territoire, n'est pas la seule à occuper le territoire de la Nouvelle-France.

En 1745, la Nouvelle-France couvre un très grand territoire. Il est aussi habité par une importante population autochtone. En 1745, on compte environ 78 000 Autochtones sur le territoire de la Nouvelle-France.

Au Canada et en Acadie, les Autochtones sont cependant minoritaires par rapport aux colons, c'est-à-dire que les Autochtones sont moins nombreux que les colons. Ailleurs en Nouvelle-France, les Autochtones sont majoritaires par rapport aux colons.

Un groupe autochtone de la région des Grands Lacs

6 Complète la légende du diagramme suivant.

Population de la Nouvelle-France en 1745

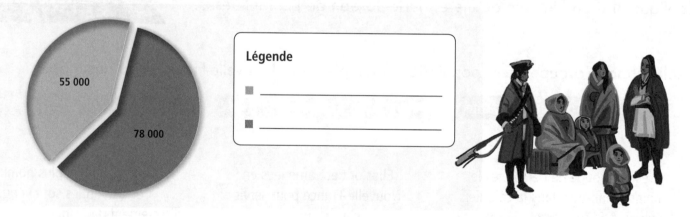

55 000

78 000

Légende

■ _____

■ _____

7 Encercle les groupes de mots qui complètent correctement le paragraphe.

En 1745, il y a plus (d'Autochtones | de colons) que (d'Autochtones | de colons) en Nouvelle-France.

Ces deux groupes sont répartis de la façon suivante :

• La majorité (des Autochtones | des colons) se trouve au Canada et en Acadie.

• La majorité (des Autochtones | des colons) se trouve dans le reste du territoire.

La **culture** dans la colonie vers **1745**

Charitable : Qui est généreux et bon envers les gens.

Sainte : Femme reconnue par le pape comme ayant eu une vie religieuse exemplaire.

Bonjour! Je suis sœur **Marguerite D'Youville**. Je suis née près de Montréal. Devenue veuve à l'âge de 29 ans, je consacre ma vie à élever mes deux fils encore vivants dans la religion catholique et à aider les plus démunis. Je suis fière que mes deux fils soient devenus prêtres!

Il n'y a pas de groupes charitables pour aider les personnes dans le besoin à Montréal. Je fonde alors la congrégation des Sœurs grises et je transforme l'Hôpital général de Montréal en refuge. Les religieuses accueillent les enfants abandonnés, les handicapés, les personnes âgées, les pauvres et elles soignent les malades.

En reconnaissance de mes actions auprès des plus démunis, on me déclarera sainte. Je suis la première sainte née au Canada.

---

1 Colorie en bleu les phrases qui se rapportent à Marguerite D'Youville.

Elle est entrée très jeune chez les religieuses et n'a jamais eu d'enfants.	Elle aidait beaucoup les gens dans le besoin.	Elle soignait les gens malades.
Elle a fondé la congrégation des Sœurs grises.	Elle a fondé la ville de Montréal.	Elle a été déclarée sainte.
Elle enseignait aux enfants de la colonie.	Elle a été responsable de l'Hôpital général de Montréal.	Elle est arrivée de France à l'âge de 29 ans.

Une population coloniale qui parle français

Dans certaines régions de la France, la langue maternelle des habitants n'est pas le français, mais une langue régionale, comme le breton ou le normand. Pour de nombreux Français, la langue française est une langue seconde. Une fois arrivés en Nouvelle-France, les colons de différentes régions de France doivent utiliser le français, qui est leur seule langue commune. Entre 1645 et 1700, le français est ainsi adopté par l'ensemble de la population coloniale. C'est ce qu'on appelle l'**uniformisation linguistique** de la Nouvelle-France.

En 1745, la population coloniale de la Nouvelle-France parle français. Le français est la langue maternelle de tous les Canadiens, c'est-à-dire des descendants des colons nés en Nouvelle-France. Les Autochtones, quant à eux, continuent de parler leurs langues. En raison du commerce, un certain nombre apprennent à parler français.

Une population coloniale catholique

En 1745, les autorités religieuses de la Nouvelle-France sont très bien organisées. L'évêque a divisé le territoire occupé par la population coloniale en **paroisses**. On compte alors 76 paroisses en Nouvelle-France. Dans chaque paroisse, les habitants doivent payer un impôt aux autorités religieuses. C'est ce qu'on appelle la dîme. La dîme permet de construire des églises. Cet argent permet aussi aux religieux de faire fonctionner des hôpitaux et des écoles.

Vers 1745, une partie de la population autochtone qui habite près des villes coloniales adopte la religion catholique. Le reste de la population autochtone a d'autres pratiques spirituelles, comme l'**animisme**. Convaincus que seule leur croyance est la bonne, les missionnaires vont à la rencontre des Autochtones. Ces religieux tentent de convertir les Autochtones à la religion catholique.

Uniformisation linguistique : Moyens adoptés pour que tous parlent une même langue.

Paroisse : Territoire sous la responsabilité d'un religieux qu'on appelle le curé.

Animisme : Croyance qui veut que tous les éléments de la nature possèdent un esprit.

Les Sœurs grises de l'Hôpital général de Montréal s'occupaient des orphelins et des femmes dans le besoin.

2 À quoi sert la dîme ? Complète la réponse.

À construire des _____ et à faire fonctionner des _____ et des _____.

3 Encercle les énoncés qui décrivent ce que tous les colons ont en commun en 1745.

Ils vivent dans des églises.

Ils paient un pourboire.

Ils parlent l'anglais.

Ils vivent dans des paroisses.

Ils parlent le breton.

Ils paient la dîme.

Ils pratiquent une religion animiste.

Ils parlent le français.

Ils parlent le normand.

Ils pratiquent la religion catholique.

Une pratique religieuse surveillée

Les religieux de la Nouvelle-France doivent s'assurer que les colons respectent la religion catholique. Cela signifie que les colons doivent participer aux divers **rituels** catholiques.

Rituel : Ensemble de gestes et de pratiques toujours faits de la même façon.

Péché : Faute ou action contraire aux règles de la religion catholique.

Quelques rituels catholiques en Nouvelle-France vers 1745

Cérémonie du baptême	Chaque enfant qui naît dans la colonie doit être baptisé peu après sa naissance. Au cours du baptême, les parents donnent un nom à l'enfant, qui devient officiellement catholique.
Prières quotidiennes	Tous les catholiques de la colonie ont l'obligation de faire au moins une prière le matin et une le soir.
Vendredi, jour de privation	Les colons ne doivent pas manger de viande le vendredi.
Dimanche, jour de prière	Les colons doivent aller à la messe le dimanche. Il est défendu aux catholiques de travailler durant cette journée.
Confesse	Au moins une fois par année, les colons doivent rencontrer un religieux (prêtre ou missionnaire) afin d'avouer leurs **péchés** pour être pardonnés.
Fêtes religieuses	Tout au long de l'année, il y a des fêtes religieuses, comme Noël et Pâques. Les colons doivent participer à toutes ces fêtes.

4 Trouve les mots qui correspondent aux descriptions suivantes. Utilise ensuite les lettres des cases bleues pour répondre à la question.

a) Rituel que les colons doivent pratiquer pour se faire pardonner leurs péchés.

b) Rituels que les colons accomplissent chaque matin et chaque soir.

c) Fête religieuse que les colons célèbrent le 25 décembre.

d) Jour de la semaine où les colons vont à la messe.

Quel est le symbole de la religion catholique ? La ☐☐☐☐ X

Une expression artistique religieuse

Entre 1645 et 1745, de nombreuses églises sont construites en Nouvelle-France. À partir de 1670, les autorités religieuses font venir des artistes français pour décorer ces églises et les autres bâtiments religieux de la colonie. Ces artistes sont des peintres, des **orfèvres** et des sculpteurs. Ils enseignent leur art à d'autres personnes, qui sont nées dans la colonie. Vers 1745, plusieurs artistes canadiens produisent des œuvres religieuses. Les orfèvres de la colonie doivent faire venir d'Europe des métaux précieux comme de l'or, de l'argent et du cuivre pour réaliser leurs œuvres.

Orfèvre : Personne qui fabrique des objets d'art en métal précieux, comme des vases ou des chandeliers décoratifs, qu'on appelle de l'orfèvrerie.

Ciboire : Vase sacré à couvercle.

Quelques œuvres artistiques en Nouvelle-France

La peinture	L'orfèvrerie	La sculpture
Cette toile représente la conversion des Hurons par les Français. Elle a été offerte aux Jésuites pour décorer leur église à Québec.	Ce **ciboire** en argent est l'œuvre de l'orfèvre Pierre Huguet. Cet artiste reconnu en Nouvelle-France a réparé et créé de nombreuses pièces religieuses en argent.	L'*Ange à la trompette* est l'œuvre du sculpteur canadien Noël Levasseur. Cette sculpture sur bois a été réalisée vers 1700 pour décorer la chapelle des Ursulines à Québec.

5 Complète chaque énoncé. Coche la ou les bonnes réponses.

a) En 1745, les œuvres d'art se trouvent principalement :

☐ dans les maisons des colons.　　☐ à l'extérieur.　　☐ dans les églises.

b) Les artistes que l'on fait venir de France pour décorer des églises et enseigner leur art à des colons sont :

☐ des peintres.　　☐ des sculpteurs.　　☐ des autorités religieuses.　　☐ des orfèvres.

c) En 1745, les œuvres d'art illustrent souvent :

☐ des paysages.　　☐ la religion.　　☐ de la nourriture.　　☐ des animaux.

La **vie quotidienne** dans la colonie vers 1745

Négocier : Arriver à une entente par la discussion.

Bonjour, je suis **Nicolas Perrot**. Vers l'âge de 16 ans, je fais le voyage de la France jusqu'au Canada avec les Jésuites. Je les accompagne d'abord dans leurs missions auprès des Autochtones. Je deviens ensuite coureur des bois et explorateur. Je me rends jusqu'à l'ouest du lac Supérieur. Parce que j'ai beaucoup voyagé, des Autochtones me surnomment «Metamiens», ce qui veut dire «l'homme aux jambes de fer».

Je connais bien les différentes nations autochtones qui peuplent les basses-terres du Saint-Laurent et les Grands Lacs. Les missionnaires, les marchands et le gouverneur apprécient ma connaissance du territoire et des langues autochtones. Je leur sers tour à tour d'interprète pour négocier des fourrures et de diplomate pour négocier la paix.

1 Assemble les syllabes pour trouver les différents métiers que Nicolas Perrot a exercés au cours de sa vie.

di | te | ma | ex | mar | in | ra | plo | prè | te

a) Il traduit les langues autochtones en français pour les marchands.

Il est _____ ter _____ _____ .

b) Il vend des marchandises. Il est _____ chand .

c) Il négocie la paix entre Français et Autochtones. Il est _____ plo _____ _____ .

d) Il parcourt le territoire jusqu'à l'ouest des Grands Lacs. Il est _____ _____ _____ teur .

Se déplacer en Nouvelle-France

En 1745, une grande partie de la Nouvelle-France est toujours exploitée pour le commerce des fourrures. Sur le territoire, on se déplace à la manière des Autochtones, en marchant ou en canot durant l'été, en traîneau et en raquettes durant l'hiver.

De nouveaux moyens de transport font leur apparition dans les régions les plus colonisées de la Nouvelle-France. C'est en 1647 que les premiers chevaux arrivent d'Europe. On les voit principalement au Canada et en Acadie. En s'adaptant au climat hivernal, ces chevaux forment une nouvelle race, la race canadienne, très utile dans la colonie.

Entre 1706 et 1737, on construit le chemin du Roy. Cette route en terre relie Québec à Montréal en passant par Trois-Rivières. Cette route est **cahoteuse** par endroits, et glissante lorsqu'il pleut. Durant l'été, on peut y circuler en charrette, en calèche ou en voiture tirées par des chevaux. En hiver, on parcourt ce chemin en carriole.

Cahoteux : Qui secoue les passagers d'un véhicule en raison des trous et des bosses sur le chemin.

En route sur le chemin du Roy

Une charrette

Une calèche

Une carriole

2 Relie chaque moyen de transport à la saison où il est utilisé par les colons de Nouvelle-France.

a) Le canot •

b) La carriole •

c) La calèche •

d) Les raquettes •

e) Le traîneau •

f) La charrette •

L'été

•

L'hiver

•

Les habitations en Nouvelle-France

Depuis 1645, il existe plusieurs types d'habitations en Nouvelle-France, comme la maison de ville et la maison de campagne.

La maison de ville

La maison de campagne

Dans les villes

Dans les villes, les artisans peu fortunés habitent dans de petites maisons situées dans des quartiers populaires. Ces maisons sont souvent en bois et sont peu décorées à l'intérieur. Les gens plus fortunés demeurent dans des maisons en pierre près du centre de la ville. Ces maisons comptent deux ou trois étages et elles sont construites serrées les unes contre les autres.

Dans les campagnes

Dans les campagnes, les habitants qui ont peu d'argent vivent aussi dans de petites maisons en bois. Souvent, ces maisons sont composées d'une seule grande pièce où on trouve un foyer, utilisé pour cuire les aliments et se chauffer en hiver. La plupart des seigneurs, qui vivent aussi dans les campagnes, mais qui sont très riches, habitent dans de grands manoirs en pierre. Ces manoirs comptent plusieurs pièces qui sont finement décorées.

3 Complète ce texte. Utilise la banque de mots.

> bois • campagnes • étages • pièce • pierre • seigneurs • villes

En 1745, les gens peu fortunés des _____ et des villes habitent généralement

dans de petites maisons en _____. Les maisons dans les campagnes sont

souvent composées d'une seule _____. Les personnes plus fortunées qui

vivent dans les _____ habitent dans des maisons en pierre. Ces maisons,

qui ont plusieurs _____, se trouvent près du centre de la ville. Les nobles

et les _____ habitent dans de grandes maisons en _____

qui comptent plusieurs pièces richement décorées.

Des chants et des danses canadiennes

Entre 1645 et 1745, les divertissements des colons ne changent pas beaucoup. La population coloniale continue de faire de la musique avec des instruments qui viennent de France comme la flûte, le violon ou la bombarde. Les Canadiens développent aussi leurs propres variantes des pièces de musique, des chansons et des danses françaises qui soulignent diverses fêtes, comme la Saint-Jean-Baptiste et le jour de l'An.

La danse ronde des Canadiens

Plusieurs autres divertissements

En plus de participer à des soirées dansantes, les colons canadiens jouent à des jeux français, comme des jeux de cartes ou de dés. Les échecs et le billard sont des jeux très populaires chez les nobles et les colons les plus riches. Quant aux enfants de la colonie, ils s'amusent avec des poupées, des chevaux et des soldats de bois. Ils jouent aussi au cerceau et à cache-cache.

4 Indique si les divertissements des colons de 1745 sont semblables ou différents comparativement à ceux des colons de 1645. Fais un « x » dans la bonne case.

Divertissement des colons en 1745	Semblable	Différent
a) Jouer de la flûte		
b) Jouer aux cartes		
c) Jouer du violon		
d) Danser		
e) Jouer aux échecs		
f) Jouer de la bombarde		
g) Jouer au billard		

Des groupes sociaux en Nouvelle-France vers 1745

Bonjour! Je suis **Marie-Josèphe dite Angélique**, une esclave noire. Vers 1745, de nombreuses tâches sont exécutées par des esclaves en Nouvelle-France. Je n'ai pas le choix d'accomplir sans discuter ce que l'on exige de moi, autrement, je serai sévèrement punie.

Les esclaves sont considérés comme des objets. On nous achète et on nous vend. À cette époque, de nombreux nobles, militaires et religieux possèdent des esclaves. Mon quotidien consiste principalement à faire la cuisine et l'entretien ménager dans une grande maison à Montréal.

Entre 1700 et 1760, environ 2 000 personnes en Nouvelle-France, surtout des Autochtones et des Noirs, ont été réduites à l'esclavage, comme moi.

---

1 Complète les phrases suivantes. Ajoute les mots « ne ... pas » lorsque c'est nécessaire.

a) Les esclaves _____ sont _____ sévèrement punis s'ils ne font pas ce qu'on exige d'eux.

b) On _____ trouve _____ des esclaves dans toutes les familles de colons en Nouvelle-France.

c) Certaines familles riches de la Nouvelle-France _____ possèdent _____ des esclaves.

d) Les Noirs _____ sont _____ les seuls esclaves en Nouvelle-France en 1745.

L'évolution des groupes sociaux

En 1745, en Nouvelle-France, on trouve les mêmes groupes sociaux qu'en 1645. Au fil du temps, le rôle de chacun de ces groupes s'est cependant transformé.

Les censitaires

Alors qu'ils n'étaient que quelques-uns en 1645, les censitaires forment près de 80 % de la population coloniale en 1745. Les familles des censitaires s'occupent principalement du travail agricole. Tous apportent leur aide aux champs et à la maison. Même les enfants aident leurs parents dès qu'ils en sont capables.

Les nobles

En 1745, les nobles sont puissants. Ils possèdent la majeure partie du territoire des basses-terres du Saint-Laurent qui a été transformée en seigneuries. Ces nobles sont souvent des seigneurs, des dirigeants militaires ou de très riches marchands.

Les commerçants et les artisans

Les commerçants et les artisans sont devenus très nombreux dans la colonie en 1745. Les commerçants de fourrures sont actifs dans une grande partie du continent. Les artisans fabriquent des objets dont les gens ont besoin, comme des chaussures et des vêtements. Les entreprises de ces artisans se développent au fil du temps et forment une industrie artisanale importante dans la colonie.

2 Pourquoi les artisans contribuent-ils au développement économique de la colonie ? Coche la bonne réponse.

☐ Parce qu'ils possèdent des seigneuries.

☐ Parce qu'ils développent une industrie artisanale importante.

☐ Parce qu'ils font le commerce des fourrures.

Les Autochtones

Même si leur population a diminué, les Autochtones continuent de jouer un rôle majeur en Nouvelle-France en 1745. Le commerce des fourrures et la défense de la colonie reposent toujours en très grande partie sur leur appui.

Les religieux

En 1745, les religieux sont plus nombreux que jamais en Nouvelle-France. Certains sont responsables de l'éducation et de la santé de la population. Ces rôles leur permettent d'influencer la croyance des colons. De plus, d'autres religieux, comme les curés dans les paroisses, surveillent étroitement les pratiques religieuses des colons et de nombreux Autochtones.

Les soldats et les miliciens

En 1745, la colonie peut compter sur une importante armée pour sa défense. Des soldats venus de France s'ajoutent à cette armée qui compte alors 7 000 hommes. Ces soldats continuent d'être appuyés par 12 500 miliciens canadiens.

3 Complète les phrases à l'aide de la banque de mots.

> Autochtones • censitaires • commerçants • nobles • religieux • soldats

a) Les _____ sont puissants et possèdent un grand nombre de seigneuries dans la région des basses-terres du Saint-Laurent.

b) Les _____ défendent la colonie en cas de conflit armé.

c) Les _____ sont moins nombreux qu'avant à cause des maladies européennes, mais ils collaborent toujours au commerce des fourrures.

d) Les _____ forment environ 80 % de la population de la colonie. Ils s'occupent du travail agricole.

e) Les _____ sont de plus en plus nombreux. Ils contribuent au développement économique de la colonie en vendant des marchandises.

f) Les _____ sont très nombreux, et ils s'assurent que tous les colons pratiquent la religion catholique.

Un groupe social souvent oublié : les esclaves

Dans les années 1700, l'esclavage est répandu à travers le monde, y compris en Nouvelle-France. Entre 1700 et 1760, environ 2 000 personnes d'origine autochtone et africaine sont réduites à l'esclavage dans la colonie.

La plupart de ces esclaves travaillent dans les grandes plantations de Louisiane. On les force à cultiver les champs des propriétaires de ces plantations. Un plus petit nombre d'esclaves se trouve dans la région des basses-terres du Saint-Laurent. Dans cette région, les esclaves travaillent surtout comme **domestiques** dans des familles riches. On les oblige à accomplir de nombreuses tâches comme faire le ménage, préparer et servir les repas, laver les vêtements, etc.

> **Domestique :** Personne qui assure le service dans une maison et voit à son entretien.

Des esclaves aidant au débarquement du bois de chauffage

4. Voici une lettre écrite par une esclave vers 1745. Malheureusement, il y a des taches d'encre sur cette lettre. Trouve les mots qui manquent à l'aide de la banque de mots.

africaine • autochtone • champs • deux mille
domestique • ménage • repas

Chère amie,

Il y a plusieurs années, j'ai malheureusement été vendue comme esclave en Nouvelle-France.

Je ne suis pas la seule ! En 1760, nous sommes environ _____ dans la même situation.

Nous sommes tous d'origine _____ ou _____. Moi, je suis une

_____ chez une riche famille canadienne. Je dois m'occuper du _____

et du chauffage et je dois faire les _____. Je m'occupe aussi des enfants. D'autres

esclaves ont été vendus et envoyés plus au sud, en Louisiane. Ils doivent travailler très fort pour

cultiver les _____ dans des plantations.

De nouvelles réalités sociales

en Nouvelle-France

> **Bourgeois :** Personne qui est à l'aise financièrement et qui possède beaucoup de biens.

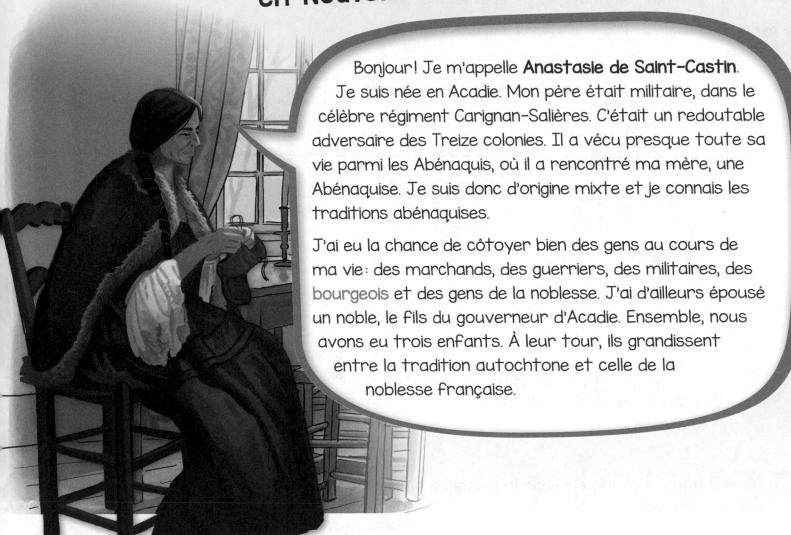

Bonjour! Je m'appelle **Anastasie de Saint-Castin**. Je suis née en Acadie. Mon père était militaire, dans le célèbre régiment Carignan-Salières. C'était un redoutable adversaire des Treize colonies. Il a vécu presque toute sa vie parmi les Abénaquis, où il a rencontré ma mère, une Abénaquise. Je suis donc d'origine mixte et je connais les traditions abénaquises.

J'ai eu la chance de côtoyer bien des gens au cours de ma vie : des marchands, des guerriers, des militaires, des bourgeois et des gens de la noblesse. J'ai d'ailleurs épousé un noble, le fils du gouverneur d'Acadie. Ensemble, nous avons eu trois enfants. À leur tour, ils grandissent entre la tradition autochtone et celle de la noblesse française.

1 Qui suis-je ? Relie l'énoncé au personnage correspondant.

a) Je suis un noble français. Mon père est gouverneur de l'Acadie. •

• Anastasie de Saint-Castin

b) Je suis un militaire reconnu pour mes exploits dans les combats contre les Treize colonies. •

• Le père d'Anastasie de Saint-Castin

c) Mon père est un Français et ma mère est une Abénaquise. •

• Le mari d'Anastasie de Saint-Castin

Une société inégalitaire

En Nouvelle-France, certains groupes sociaux possèdent beaucoup de pouvoir, d'argent et de terres. À l'inverse, certains autres groupes n'ont pas ces avantages. On peut représenter la société de la Nouvelle-France à la manière d'une pyramide. Au sommet de la pyramide, on trouve les groupes sociaux les plus avantagés. À la base de la pyramide, on trouve les groupes les moins avantagés.

La pyramide sociale de la population coloniale

ARISTOCRATIE ET GRANDE BOURGEOISIE
Autorités coloniales (gouverneur, intendant), officiers de l'armée, dirigeants du clergé catholique, riches marchands, seigneurs de grandes terres, nobles

PETITE BOURGEOISIE
Petits commerçants, membres des communautés religieuses, seigneurs de petites terres, capitaines de milices, curés

PEUPLE
Censitaires (agriculteurs), coureurs des bois et voyageurs, chasseurs, trappeurs, artisans, ouvriers, soldats

ESCLAVES

Le capitaine de milice a le droit de porter une épée comme les militaires et les nobles. Il n'est cependant pas payé pour occuper ce poste de prestige.

2 Dans chaque encadré, encercle la personne ou le groupe de personnes qui est le plus avantagé dans la colonie.

artisans | curés | gouverneur

censitaires | esclaves | nobles

riches marchands | soldats | capitaines de milice

3 Pourquoi dit-on que la Nouvelle-France est une société inégalitaire?

_____

_____

_____

La place des Autochtones

Les Autochtones ne figurent pas dans cette pyramide. Ils ont leur propre organisation sociale, basée sur des principes égalitaires. Toutefois, certaines personnes d'origine autochtone intègrent la population coloniale. Il s'agit souvent de femmes autochtones qui marient des colons. Elles accèdent alors au même groupe que leur mari dans la pyramide sociale.

4 Encercle le groupe de mots qui complète correctement la phrase.

Étant donné qu'une femme autochtone qui se marie avec un colon rejoint le même groupe social que son mari, on peut dire que la Nouvelle-France de 1745 est une société matriarcale | patriarcale.

D'une société française à une société canadienne

Vers 1645, la plupart des personnes qui composent la population coloniale de la Nouvelle-France sont nées en France. Arrivées récemment, ces personnes conservent une culture très proche de celle qu'elles avaient en France. C'est pourquoi on dit qu'en 1645, il y a une société française en Nouvelle-France.

Vers 1745, la plupart des personnes qui composent la population coloniale de la Nouvelle-France sont nées dans la colonie. La grande majorité est établie dans la région des basses-terres du Saint-Laurent, un territoire que l'on nomme alors le Canada. Ces personnes sont issues de familles installées au Canada depuis plusieurs générations et elles se sont adaptées au territoire avec le temps. C'est pourquoi on dit qu'il y a une société canadienne en Nouvelle-France vers 1745.

Chez moi, en Acadie, la population a suivi un cheminement semblable à celui des colons des basses-terres du Saint-Laurent. Autrefois, il y avait une société française dans la région des Maritimes. Avec le temps, nous sommes devenus la société acadienne.

5 Vrai ou faux? Coche la bonne réponse.

a) En 1645, la majorité des colons de la Nouvelle-France sont nés en France. V F

b) En 1745, la majorité des colons de la Nouvelle-France sont nés dans la colonie. V F

c) En 1745, la majorité des colons habite l'Acadie. V F

d) En 1645, tous les colons de la Nouvelle-France sont des Canadiens. V F

e) De 1645 à 1745, la Nouvelle-France est passée d'une société française à une société canadienne. V F

L'adaptation des colons

De 1645 à 1745, les colons de la Nouvelle-France s'adaptent naturellement à leur milieu de vie et au climat du territoire. Ils transforment leur mode de subsistance pour suivre le rythme des saisons. Par exemple, pour survivre aux hivers, les Canadiens développent des talents pour la chasse et l'exploitation des ressources naturelles, comme le bois. Ils font preuve d'**ingéniosité**, se servent d'outils, souvent fabriqués par eux-mêmes ou par des artisans, pour couper le bois et bâtir leurs maisons.

Ingéniosité : Caractère d'une personne inventive et habile.

Fourrage : Herbe récoltée à la fin de l'été et conservée dans une grange pour nourrir les animaux.

Ainsi, chaque moment de l'année est consacré à des activités particulières. Voici comment se déroule l'année chez les habitants du Canada.

Le printemps	Au printemps, les colons labourent la terre, sèment dans les champs et les potagers et font sortir les animaux d'élevage pour qu'ils se nourrissent de l'herbe qui pousse.
L'été	L'été, c'est le temps de s'occuper des champs, de récolter le **fourrage** et de défricher la terre pour agrandir les champs. Le beau temps permet de réparer les bâtiments ou d'en construire de nouveaux. On en profite aussi pour pêcher le poisson abondant des rivières et des lacs.
L'automne	L'automne est une saison qui occupe pleinement la population de la colonie. Il faut récolter les légumes pour en faire des conserves et couper le bois en prévision de l'hiver.
L'hiver	L'hiver rigoureux du Canada garde les colons dans leurs maisons. Il n'y a pas de travaux aux champs. Ils profitent de ce temps pour fabriquer des meubles, faire du fil et du tissu pour confectionner des vêtements. Ils sortent tout de même pour chasser et pêcher sur la glace.

6 Relie les activités des colons à la saison correspondante.

a) Labourer la terre •

b) Fabriquer des meubles •

c) Faire des conserves •

d) Défricher la terre pour agrandir les champs •

e) Construire de nouveaux bâtiments •

f) Fabriquer des vêtements •

g) Semer dans les champs et les potagers •

h) Récolter les légumes •

Le printemps

L'été

L'automne

L'hiver

Des **traces**
de la Nouvelle-France de **1745**

Corsaire : Marin qui commet des actes de piraterie contre les navires ennemis avec l'accord de son roi.

Bonjour! Je suis **Pierre Le Moyne d'Iberville**. On m'appelle le «corsaire du Nord». Au cours de ma vie, j'ai accompli de nombreux exploits à titre de navigateur, d'explorateur et de corsaire. J'ai repris plusieurs fois les forts de la baie d'Hudson des mains des Britanniques. J'ai pris part à de nombreux combats dans l'océan Atlantique entre Terre-Neuve et Boston. J'ai découvert l'embouchure du Mississippi dans le golfe du Mexique au nom du roi de France.

Il reste plusieurs traces de mon passage dans l'histoire. Des parcs, des rues, et même des villes, portent mon nom au Québec, au Canada et aux États-Unis. On a réalisé plusieurs statues de moi, dont une qui se trouve devant l'Assemblée nationale du Québec.

1 Encercle les mots qui complètent correctement les phrases.

a) Pierre Le Moyne d'Iberville combattait les (Français | Britanniques).

b) Il commettait des actes de piraterie (avec | sans) l'accord du roi de France.

c) À l'Assemblée nationale, il y a une (rue | statue) à la mémoire de Pierre Le Moyne d'Iberville.

Un territoire marqué par l'histoire

Aujourd'hui, la situation géographique des villes et des villages des basses-terres du Saint-Laurent correspond à celle de l'époque de la Nouvelle-France. La plupart des noms des villes et des villages sont restés les mêmes au fil du temps. On observe aussi dans les campagnes la présence de rangs et de longs terrains agricoles qui correspondent aux seigneuries du temps de la Nouvelle-France.

Des terres agricoles au Québec

2 Nomme trois grandes villes du Québec actuel qui existent depuis les débuts de la Nouvelle-France.

_____ _____ _____

3 Nomme une autre ville que tu connais ou que tu as déjà visitée et qui représente une trace de l'époque de la Nouvelle-France.

_____

Des bâtiments historiques

On trouve toujours au Québec des bâtiments de l'époque de la Nouvelle-France. En raison de leur importance historique, on dit que ces bâtiments font partie du **patrimoine culturel**. Cela signifie qu'ils doivent être préservés dans leur état original autant que possible. Voici trois de ces bâtiments.

Patrimoine culturel : Bien qui est considéré comme l'héritage culturel commun d'une population.

Restauration : Réparation d'une construction pour la remettre le plus près de son état d'origine.

La maison Chevalier à Québec

Située au cœur de la place Royale, cette maison est le résultat de la **restauration** de la maison du marchand Jean-Baptiste Chevalier. Construite en 1752, elle lui servait de résidence et d'entrepôt. Au fil du temps, elle a subi de nombreuses modifications. Dans les années 1800, elle a été transformée en auberge. C'est maintenant un musée que tu peux visiter.

Le manoir Boucher-De Niverville à Trois-Rivières

Ce manoir a été construit entre 1668 et 1729. Il fait maintenant partie du patrimoine culturel de Trois-Rivières. Grâce à ce bâtiment, on comprend mieux aujourd'hui les techniques de construction de l'époque en Nouvelle-France. Il est aujourd'hui possible de visiter le manoir Boucher-De Niverville.

Le vieux séminaire de Saint-Sulpice à Montréal

Le vieux séminaire de Saint-Sulpice est l'un des plus anciens bâtiments de la ville de Montréal. Le début de sa construction date de 1683. Les prêtres de Saint-Sulpice, qui ont fait construire cet édifice en pierre, y habitent et en sont les propriétaires encore aujourd'hui.

4 Observe les trois photos précédentes des bâtiments historiques de Québec, de Trois-Rivièves et de Montréal. Nomme une ressemblance entre ces bâtiments et les bâtiments d'aujourd'hui.

_____

_____

_____

5 Parmi les bâtiments suivants, encercle ceux qui pourraient dater de l'époque de la Nouvelle-France.

L'héritage de la Nouvelle-France aux États-Unis

Les États-Unis couvrent aujourd'hui une grande partie du territoire de la Nouvelle-France d'autrefois. Plusieurs villes américaines actuelles, réparties dans divers États, ont été fondées par des colons français à l'époque de la Nouvelle-France. C'est le cas de Detroit, dans l'État du Michigan, de Saint Louis au Missouri, de Mobile, en Alabama, et des villes de Baton Rouge et de La Nouvelle-Orléans en Louisiane.

La grande majorité des descendants des colons de la Nouvelle-France a été assimilée à la population américaine et parle l'anglais aujourd'hui. Cependant, on trouve certains groupes qui parlent encore le français, particulièrement en Louisiane. On les appelle les Cajuns, comme l'artiste Zachary Richard qui compose des chansons en français.

Les Cajuns dans un festival de danse

Le Quartier français de La Nouvelle-Orléans, en Louisiane

6 Complète la grille en utilisant le nom des villes américaines fondées par des colons français à l'époque de la Nouvelle-France.

Utilise ensuite les lettres des cases bleues pour compléter le paragraphe sous la grille.

a) Ville de la Louisiane.
b) Ville du Michigan.
c) Ville du Missouri.
d) Ville de la Louisiane.
e) Ville de l'Alabama.

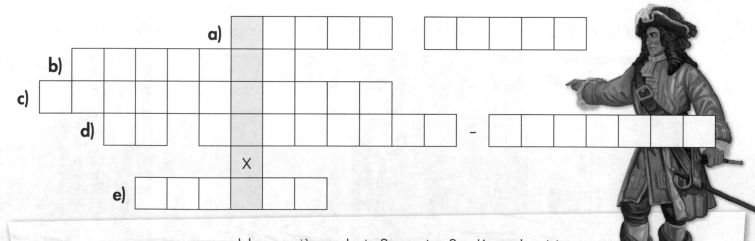

_____ est la première colonie française fondée en Louisiane par Pierre Le Moyne d'Iberville. Cette ville porte le nom des Autochtones qui y habitaient, les Biloxis. C'est aujourd'hui une ville de l'État du Mississippi.

Révision du chapitre 2

Remplis cette grille de mots entrecroisés sur la société canadienne en Nouvelle-France vers 1745.

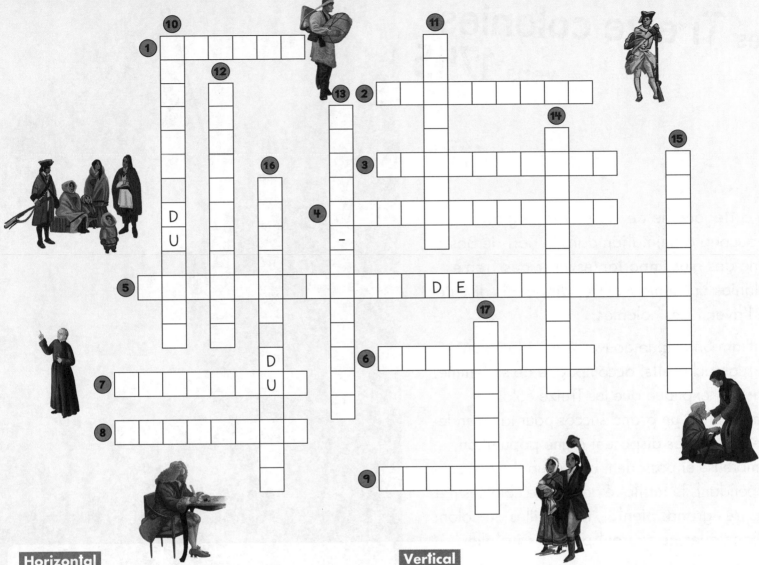

Horizontal

1. Nom donné à la région du territoire des basses-terres du Saint-Laurent en 1745.

2. Groupe de personnes qui dirigent la Nouvelle-France en 1745. Conseil...

3. Mode de division des terres à l'époque de la Nouvelle-France dont on voit encore les traces aujourd'hui dans les basses-terres du Saint-Laurent.

4. Système d'échange de produits entre la Nouvelle-France, la France et les Antilles françaises. Commerce...

5. Événement survenu en 1701 qui met fin aux affrontements entre les Français et les Autochtones.

6. Principale activité économique de la Nouvelle-France vers 1663. Commerce des...

7. Il possède des terres qu'il prête à des censitaires.

8. Intendant de la Nouvelle-France pendant près de 20 ans. Gilles...

9. Nom donné à la région des Maritimes de la Nouvelle-France et où vivait Anastasie de Saint-Castin.

Vertical

10. Première route qui relie Québec à Montréal en passant par Trois-Rivières.

11. Région la plus au sud de la Nouvelle-France en 1745.

12. Groupe de personnes dont la population a beaucoup diminué entre 1645 et 1745 à cause entre autres d'épidémies de maladies européennes. Les...

13. Région de la Nouvelle-France où vivent la majorité des colons en 1745. Basses-terres du...

14. De plus en plus nombreuses en Nouvelle-France à partir de 1700, elles permettent de diversifier l'économie. Les industries...

15. Seule religion autorisée pour les colons en 1745.

16. Filles venues de France à partir de 1663 pour peupler la colonie.

17. Langue commune utilisée par tous les colons de la Nouvelle-France.

Chapitre 3

Les Treize colonies vers 1745

En cette journée de mars 1745, il y a beaucoup d'animation dans le port de Boston, l'une des plus importantes villes des Treize colonies britanniques. Des dirigeants discutent de l'avenir des colonies.

William Shirley, le gouverneur de la colonie du Massachusetts, accompagné de sa femme, Frances, explique que les Treize colonies représentent un grand succès pour la Grande-Bretagne. Elles disposent d'une population nombreuse et possèdent beaucoup de ressources. Cependant, le territoire des Treize colonies n'est pas très grand. Bientôt, les familles de colons britanniques ne sauront plus où s'installer.

Benning Wentworth, gouverneur de la colonie du New Hampshire, les rassure, car avec l'aide de la Grande-Bretagne, les Treize colonies prendront bientôt possession de l'immense territoire de la Nouvelle-France.

D'après toi, lequel de ces personnages est:
- le gouverneur du Massachusetts?
- le gouverneur du New Hampshire?

Pourquoi y a-t-il tant d'hommes en chaloupe dans ce port?

Combien vois-tu de militaires?

1608
Fondation de Québec, premier établissement colonial français permanent

1600   1610   1620   1630   1640   1650   1660   1670

1607
Fondation de la Virginie, première colonie

1636
Fondation de Harvard, première université d'Amérique du Nord

1682
12 colonies britanniques
ont été fondées

1732
Fondation de la Géorgie,
treizième colonie

1776
Déclaration d'indépendance
des États-Unis d'Amérique

1789
Élection de George Washington,
premier président des États-Unis

1680 1690 1700 1710 1720 1730 1740 1750 1760 1770 1780 1790 1800

1775-1783
Guerre d'indépendance

Le **territoire**
des **Treize colonies**

Paratonnerre : Appareil qui sert à protéger une maison de la foudre.

Ambassadeur : Personne qui représente son pays dans un pays étranger.

Bonjour! Je suis **Benjamin Franklin**, l'un des fondateurs des États-Unis. Je suis né à Boston en 1706. Je suis imprimeur, journaliste, scientifique, inventeur du paratonnerre, ambassadeur et homme politique. Ma vie est passionnante!

J'ai participé à l'union des Treize colonies. Je les ai vues se développer, négocier avec la Grande-Bretagne pour obtenir plus de pouvoir, puis conquérir leur indépendance après une guerre contre les Britanniques.

Plusieurs de mes concitoyens ont tenté de convaincre les colons de la Nouvelle-France de se joindre à nous pour devenir indépendants. Si cela avait fonctionné, la province de Québec ferait partie des États-Unis aujourd'hui.

1 Vrai ou faux?

a) Benjamin Franklin exerce le métier d'imprimeur.   V   F

b) Il refuse que les Treize colonies deviennent indépendantes de la Grande-Bretagne.   V   F

c) Il réussit à convaincre la Nouvelle-France à devenir indépendante.   V   F

d) Il est l'inventeur du paratonnerre afin d'aider les gens à se protéger contre la foudre.   V   F

Un territoire qui s'étend du nord au sud

Comme la France, la Grande-Bretagne demande à des propriétaires de compagnies et d'autres groupes de personnes de fonder des colonies en Amérique du Nord. En 1745, on compte 13 de ces colonies britanniques qu'on appelle les Treize colonies.

Les Treize colonies sont situées entre deux frontières naturelles, l'océan Atlantique et la chaîne de montagnes des Appalaches. Du nord au sud, le territoire des Treize colonies s'étend sur environ 2 000 kilomètres. Le territoire est formé de trois régions distinctes : les colonies du Nord, celles du Centre et celles du Sud.

Les Treize colonies vers 1745

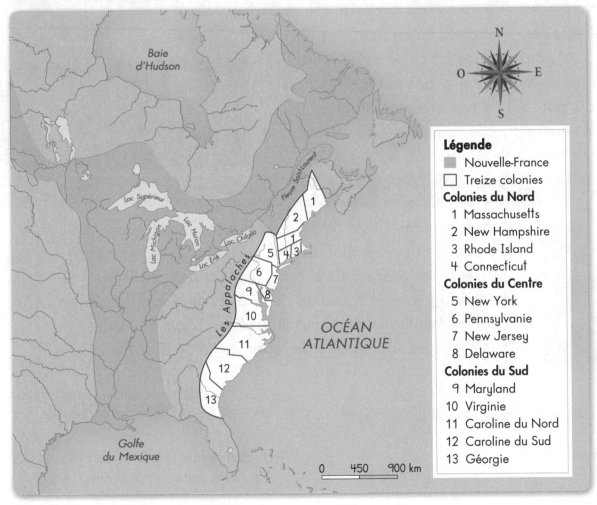

Légende
- ■ Nouvelle-France
- ☐ Treize colonies

Colonies du Nord
1 Massachusetts
2 New Hampshire
3 Rhode Island
4 Connecticut

Colonies du Centre
5 New York
6 Pennsylvanie
7 New Jersey
8 Delaware

Colonies du Sud
9 Maryland
10 Virginie
11 Caroline du Nord
12 Caroline du Sud
13 Géorgie

2 **a)** Quelle colonie se trouve le plus au sud ? _____

b) Quelle colonie se trouve le plus au nord ? _____

3 Sur la carte, colorie les colonies du Nord en **bleu**, les colonies du Centre en **rouge** et les colonies du Sud en **vert**.

Les caractéristiques du territoire des Treize colonies

Les colonies du Nord

Dans cette région, les hivers sont froids et les étés sont chauds. Même si les hivers sont froids, les cours d'eau ne gèlent presque jamais, ce qui facilite le transport et le commerce.

On y trouve des forêts de conifères en montagne et des forêts de feuillus dans les vallées, mais le sol rocheux est peu propice à l'agriculture. La proximité de l'océan Atlantique permet aux colons de pêcher de nombreux poissons, comme la morue.

Les colonies du Centre

Au centre, les hivers sont plus courts et doux qu'au nord. Les étés sont chauds et humides. Tout comme dans les colonies du Nord, il y a des forêts de conifères en montagne et des forêts de feuillus dans les plaines. Ces forêts abritent de nombreux animaux, comme le castor, que l'on chasse pour le commerce des fourrures. Dans les plaines, on cultive principalement le blé.

Les colonies du Sud

Dans le sud des Treize colonies, le climat est beaucoup plus chaud que dans la région des basses-terres du Saint-Laurent. Les hivers sont très courts et doux. Il n'y a pas de neige. Les montagnes sont couvertes de forêt mixte. Dans les plaines, le sol est très fertile, mais certaines régions sont couvertes de **marécages**. On y cultive le tabac, le coton et le riz.

> **Marécage :** Terrain boueux, couvert d'eau par endroits, et difficilement cultivable.

4 Relie chaque début de phrase à la fin qui lui convient.

a) Dans les colonies du Centre, on cultive… •

b) Dans le nord du territoire des Treize colonies,… •

c) Dans les colonies du Sud, on cultive… •

• … de nombreux produits comme le riz, le tabac et le coton.

• … le sol est peu fertile, mais on peut pêcher des poissons comme la morue.

• … surtout du blé.

L'organisation **politique**
dans les Treize colonies

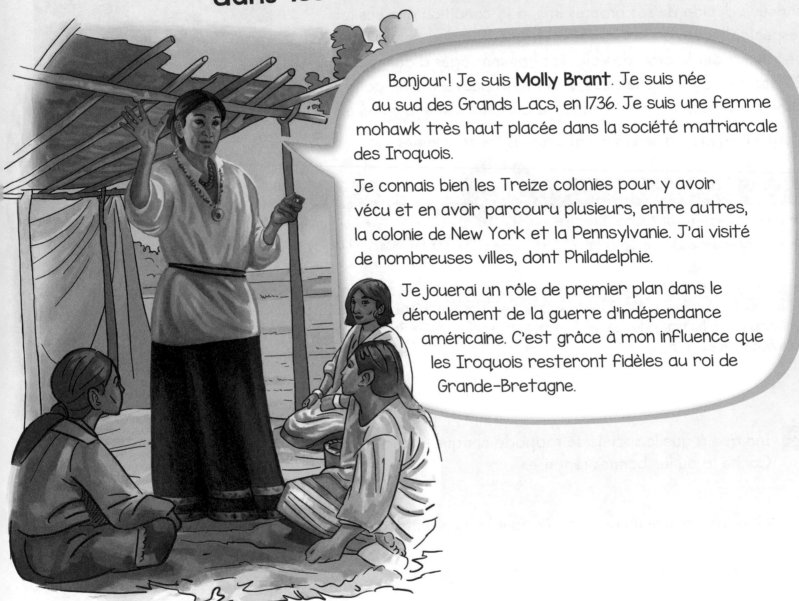

Bonjour! Je suis **Molly Brant**. Je suis née au sud des Grands Lacs, en 1736. Je suis une femme mohawk très haut placée dans la société matriarcale des Iroquois.

Je connais bien les Treize colonies pour y avoir vécu et en avoir parcouru plusieurs, entre autres, la colonie de New York et la Pennsylvanie. J'ai visité de nombreuses villes, dont Philadelphie.

Je jouerai un rôle de premier plan dans le déroulement de la guerre d'indépendance américaine. C'est grâce à mon influence que les Iroquois resteront fidèles au roi de Grande-Bretagne.

1 Qu'est-ce qu'une société matriarcale? Coche la bonne réponse.

☐ Une société dans laquelle on utilise des matériaux pour construire des arcs.

☐ Une société dans laquelle les mères transmettent leur nom et les femmes possèdent du pouvoir.

☐ Une société dans laquelle les pères transmettent leur nom et les hommes possèdent du pouvoir.

Les dirigeants des Treize colonies

Vers 1754, les Treize colonies sont dirigées par le roi de Grande-Bretagne. Comme en Nouvelle-France, on nomme un gouverneur dans chaque colonie. Par contre, les colonies britanniques ont plus de pouvoir politique que la colonie française. Chacune des Treize colonies a son propre gouvernement et chacune décide de ses propres lois, à la condition que ces lois respectent celles de la Grande-Bretagne. De plus, certaines personnes ont le droit de vote. Les hommes âgés d'au moins 21 ans qui sont propriétaires d'une terre peuvent voter pour choisir les membres de l'Assemblée qui administre la colonie.

Charles Hardy, gouverneur de la colonie de New York en 1755.

L'organisation du gouvernement dans les Treize colonies

Gouverneur		Conseil du gouverneur
• Nommé par le roi de Grande-Bretagne • Fait appliquer les lois adoptées par l'Assemblée	*aidé par le*	• Composé de riches propriétaires, de marchands et de personnes influentes

Assemblée	
• Composée d'hommes élus par les hommes du peuple ayant droit de vote	• Responsable de voter les lois • Responsable d'administrer le budget de la colonie

2 Indique à quelle société se rapporte chaque énoncé. Coche la ou les bonnes réponses.

	La Nouvelle-France	Une des Treize colonies
a) Le roi nomme un gouverneur pour le représenter dans sa colonie.	☐	☐
b) Le roi possède tous les pouvoirs sur sa colonie.	☐	☐
c) Les hommes de la colonie votent pour choisir ceux qui administrent la colonie.	☐	☐
d) L'Assemblée est responsable de voter des lois et d'administrer le budget de la colonie.	☐	☐
e) Le Conseil souverain administre la colonie.	☐	☐
f) La colonie décide de ses propres lois.	☐	☐

La force militaire

Les Treize colonies et la Nouvelle-France se battent souvent pour acquérir de nouveaux territoires en Amérique du Nord.

Les Treize colonies sont relativement autonomes les unes par rapport aux autres. Elles ne disposent pas d'une armée régulière. Cependant, la Grande-Bretagne leur vient en aide en cas de conflits armés. De son côté, la France offre un soutien militaire moins important à sa colonie.

Les possessions européennes en Amérique du Nord vers 1745

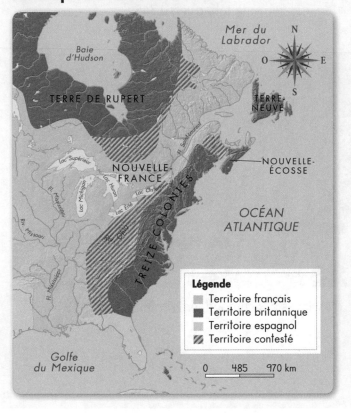

Ressources militaires

	Nouvelle-France	Treize colonies
Miliciens	• 12 500 miliciens • Tous les hommes âgés de 16 à 60 ans suivent un entraînement rigoureux pour devenir miliciens.	• 20 000 miliciens • Chaque colonie a sa milice. • Les miliciens sont peu entraînés.
Soldats envoyés d'Europe	7 000 soldats	23 000 soldats
Navires de guerre envoyés d'Europe	75 navires	400 navires

3 Observe la carte et le tableau, puis réponds aux questions. Coche la ou les bonnes réponses.

a) Quel pays possède les territoires les plus à l'est de l'Amérique du Nord ?

☐ La France   ☐ La Grande-Bretagne   ☐ L'Espagne

b) Quelle colonie dispose de plus de ressources militaires ?

☐ La Nouvelle-France   ☐ Les Treize colonies

c) Quels pays se disputent des zones de territoire en Amérique du Nord ?

☐ La France   ☐ La Grande-Bretagne   ☐ L'Espagne

L'esclavage

Dans les colonies britanniques d'Amérique, une grande partie des gens qui travaillent ne sont pas des colons britanniques. En 1745, on compte environ 250 000 esclaves sur le territoire des Treize colonies. Ces personnes ont été enlevées en Afrique et amenées de force dans les colonies britanniques pour y être vendues.

Les esclaves accomplissent différentes tâches, mais ils sont très nombreux à travailler dans les plantations des colonies du Sud, où l'on cultive le tabac, le coton et le riz. Leur travail contribue à augmenter la richesse des propriétaires. Les conditions de vie des esclaves sont extrêmement difficiles.

Esclaves dans une plantation de tabac vers 1745.

Par exemple, les esclaves :

- travaillent de longues heures sans jamais recevoir de salaire ;
- n'ont aucun droit ;
- ne vont pas à l'école ;
- ne sont pas libres d'aller où ils veulent ;
- sont souvent séparés des membres de leur famille ;
- dépendent entièrement de leur propriétaire.

Vente d'esclaves à Richmond, en Virginie.

4 Observe l'illustration ci-dessus.

a) Selon toi, qui sont les gens qui assistent à la vente des esclaves ?

_____

_____

b) Comment les jeunes enfants au bas de l'escalier semblent-ils réagir ?

_____

_____

_____

La population et l'économie
des Treize colonies

Indigotier : Arbuste utilisé pour la production d'un colorant bleu foncé, l'indigo.

Bonjour! Je m'appelle **Thomas Jefferson**. Je suis né en Virginie. En 1800, je deviendrai le troisième président des États-Unis d'Amérique.

En 1745, je n'ai que 2 ans! La Virginie est une colonie du Sud. Le territoire est fertile, traversé par de nombreux cours d'eau et le climat y est plutôt chaud. On y trouve de vastes plantations de riz, de tabac, de coton et d'indigotiers. L'économie de la Virginie repose sur le travail agricole des esclaves, car ce sont eux qui cultivent les champs pour les riches propriétaires des plantations.

Dans les colonies du Nord et du Centre, l'économie est plus diversifiée. Elle est basée sur la construction de navires, la pêche, le commerce de produits et de services, la culture du blé et l'élevage de bétail.

1 Dans quelle colonie Thomas Jefferson est-il né? Coche la bonne réponse.

☐ Dans une colonie du Nord   ☐ Dans une colonie du Centre

☐ Dans une colonie du Sud

2 Encercle les activités économiques de la Virginie.

Culture du coton	Construction de navires	Chasse	Culture du tabac
Commerce des fourrures	Culture du maïs	Pêche	Élevage de bétail

La population des Treize colonies

En 1745, la population coloniale des Treize colonies s'élève à environ 1 000 000 de personnes alors que celle de la Nouvelle-France est de 55 000 personnes pour un territoire beaucoup plus vaste.

Comme en Nouvelle-France, l'augmentation de la population dans les Treize colonies s'explique par les naissances nombreuses. Ce nombre élevé d'habitants s'explique aussi par l'arrivée de très nombreux groupes d'**immigrants** et d'esclaves sur le territoire des Treize colonies.

En 1745, la population coloniale des Treize colonies est formée :

- des descendants des personnes venues d'Angleterre pour peupler la colonie ;
- de personnes venues d'autres pays d'Europe pour des raisons économiques ou religieuses ;
- d'esclaves africains ou de leurs descendants.

> **Immigrant :** Personne qui arrive dans un pays étranger dans le but de s'y établir.

Le premier groupe de colons des Treize colonies arrive en Virginie en 1607.

3 En 1745, quelle est la population coloniale :

a) en Nouvelle-France ? _____

b) dans les Treize colonies ? _____

4 a) Résous la charade suivante pour connaître la cause commune de l'augmentation de la population dans les Treize colonies et en Nouvelle-France.

- Mon premier est au milieu de ton visage. _____
- Mon deuxième circule dans tes veines. _____
- Mon troisième est le singulier du déterminant « ces ». _____
- Mon tout est à l'origine des familles nombreuses. _____

b) Quelles sont les autres causes de l'augmentation de la population dans les Treize colonies ?

_____

Les grandes villes des Treize colonies

Comme en Nouvelle-France, la majorité des colons habitent la campagne pour cultiver la terre. Les immigrants qui arrivent ne trouvent plus de terres disponibles. Ils s'installent donc dans les villes. C'est ainsi que des villes comme Boston, New York et Philadelphie se développent et deviennent de plus en plus populeuses.

Les Treize colonies vers 1745

5 Observe la carte. Relie chacune de ces villes à sa région.

a) Philadelphie •   • Colonies du Nord

b) New York •   • Colonies du Centre

c) Charleston •   • Colonies du Sud

d) Boston •

6 Quel groupe de personnes a contribué à l'augmentation des villes de Boston, New York et Philadelphie? _____

L'économie dans les Treize colonies

Les activités économiques des Treize colonies sont très diversifiées selon les ressources disponibles dans chacune des régions. Comme en Nouvelle-France, les Treize colonies développent un commerce triangulaire avec la Grande-Bretagne et les colonies britanniques de la région des Antilles.

Les colonies du Nord

Les habitants profitent de l'océan Atlantique pour pêcher et chasser la baleine. Ils l'utilisent aussi comme voie navigable pour faire du commerce avec d'autres colonies britanniques et avec la Grande-Bretagne.

La présence de forêts offre aussi une grande quantité de bois. On construit des scieries pour couper le bois et des chantiers navals pour construire des bateaux.

Les colonies du Centre

La principale activité économique de cette région est l'agriculture. On cultive surtout du blé que l'on transforme en farine. On fait ensuite divers produits alimentaires avec cette farine. Les colons font aussi l'élevage de bétail. La vente de ces produits agricoles à d'autres régions rapporte beaucoup de profits. On développe des industries qui utilisent des ressources provenant des mines locales comme le fer. Enfin, tout comme leurs voisins du Nord, les colons se servent du bois pour construire des navires.

Les colonies du Sud

Dans ces colonies, on pratique surtout l'agriculture. Les terres sont séparées en plantations. Les produits cultivés sont le tabac, le riz, le coton et l'indigotier. Le produit des récoltes est envoyé en Grande-Bretagne.

7 Observe ces illustrations. Selon toi, quelles régions des Treize colonies sont représentées ?

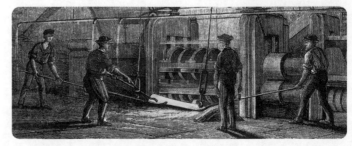

La **culture**
dans les Treize colonies

Protestant : Personne qui pratique une religion chrétienne rejetant l'autorité du pape.

Arpenteur : Personne qui mesure la superficie des terrains.

Bonjour! Je suis **George Washington**. Je suis né en Virginie en 1732.

En 1745, les Treize colonies ne sont pas encore indépendantes de la Grande-Bretagne. Comme la majorité de la population, je parle anglais et je suis protestant.

Je travaille d'abord comme arpenteur, puis je m'engage dans une carrière militaire. L'armée britannique est présente sur le territoire. Toutefois, chacune des Treize colonies possède une milice composée d'hommes qui ne sont pas des soldats professionnels. Cela permet d'augmenter les troupes armées en cas de besoin. Grâce à mon implication politique et militaire, je deviens commandant de la milice de la Virginie. Mon parcours victorieux me permettra de devenir le premier président de l'histoire des États-Unis d'Amérique en 1789.

1 Coche les énoncés qui décrivent George Washington.

☐ Il est né en Virginie, première colonie à avoir été fondée.

☐ Il devient président des États-Unis en 1789.

☐ Il est de religion catholique.

☐ Il est militaire.

☐ Il parle anglais.

☐ Il est arpenteur.

L'anglais, langue commune

Les immigrants qui s'installent dans les Treize colonies arrivent surtout de pays européens, principalement l'Écosse, l'Irlande, la Hollande, l'Allemagne et la Suède. Comme ce territoire appartient à la Grande-Bretagne, la langue commune de la population est l'anglais. Les immigrants qui s'installent dans les Treize colonies doivent donc apprendre à parler cette langue. En 1745, sur tout le territoire de la Nouvelle-France, c'est plutôt le français qui est la langue commune.

2 Dans cette grille, trouve le nom des cinq principaux pays d'origine des immigrants des Treize colonies.

c	w	o	x	è	t	e	r	t	p
k	y	f	h	j	u	d	y	m	q
é	x	u	o	d	o	n	f	p	g
p	a	l	l	e	m	a	g	n	e
w	g	o	t	l	l	o	n	m	
g	r	f	a	y	q	r	b	w	c
t	z	c	n	j	d	i	u	m	o
s	u	è	d	e	é	l	r	p	s
b	r	v	e	s	s	o	c	é	è

É_____

I_____

H_____

A_____

S_____

La liberté de religion

Dans les Treize colonies, la population est libre de pratiquer la religion de son choix. C'est pourquoi de nombreux immigrants décident de venir s'établir dans les Treize colonies. La grande majorité de ces immigrants sont **chrétiens**, mais pas nécessairement catholiques comme en Nouvelle-France. Contrairement à la Nouvelle-France, où tous les colons doivent être catholiques, il y a une très grande diversité de religions dans la population des Treize colonies.

> **Chrétien :** Personne qui pratique une religion qui est basée sur les enseignements du Christ. Les protestants et les catholiques sont des chrétiens.

3 Quelle différence y a-t-il entre la Nouvelle-France et les Treize colonies en ce qui concerne la pratique de la religion ?

_____

_____

_____

Les religions pratiquées dans les Treize colonies

La plupart des immigrants européens qui s'installent dans les Treize colonies sont protestants, mais ils pratiquent leur religion selon différents mouvements religieux. Par exemple, certains sont calvinistes, d'autres anglicans ou luthériens, quakers ou puritains.

Les anglicans s'installent pour la plupart dans les colonies du Sud. Dans les colonies du Nord, on retrouve surtout les puritains. Dans le centre des Treize colonies, les quakers sont surtout présents en Pennsylvanie et les calvinistes, dans la colonie de New York. Quant aux juifs et aux catholiques, ils se répartissent sur l'ensemble du territoire.

Les protestants des Treize colonies et les catholiques de la Nouvelle-France sont très pratiquants : ils se réunissent à l'église tous les dimanches. Par contre, les protestants ont des croyances et des pratiques différentes de celles des catholiques.

Le *Mayflower* quitte Plymouth, en Angleterre, en 1620. À son bord, on compte de nombreux religieux puritains. Ce sont les passagers de ce navire qui fondent New Plymouth, la colonie qui devient le Massachusetts.

Église protestante.

Église catholique.

4 Remplis la grille de mots entrecroisés à l'aide du texte et des indices suivants.

1 Groupe de protestants que l'on trouve surtout dans les colonies du Sud.

2 Groupe de protestants que l'on trouve surtout dans les colonies du Nord.

3 Lieu où se rassemblent les pratiquants, protestants ou catholiques, tous les dimanches.

4 Groupe de protestants que l'on trouve surtout en Pennsylvanie.

5 Groupe de protestants que l'on trouve surtout dans la colonie de New York.

L'importance de l'éducation

En Nouvelle-France, l'éducation n'occupe pas une grande place dans la vie des colons. Quelques écoles sont fondées par des communautés religieuses, et des religieux ou des religieuses enseignent aux enfants.

La situation est très différente dans les Treize colonies. L'éducation est une valeur importante pour les colons. En 1745, la loi de plusieurs colonies exige que les enfants aillent à l'école. Dans les colonies du Centre et du Nord, il existe de nombreuses écoles publiques non religieuses.

Dans les colonies du Sud, le système scolaire est moins développé que dans les autres colonies. Les familles les plus fortunées engagent des professeurs privés pour enseigner à leurs enfants.

À l'extérieur des grandes villes, les parents enseignent à leurs enfants à la maison.

L'université Harvard, à Boston, a été fondée en 1636.

5 Nomme une différence entre l'éducation en Nouvelle-France et l'éducation dans Treize colonies.

_____

_____

_____

6 Dans l'encadré ci-contre, raye toutes les lettres « a ».
Raye ensuite toutes les lettres des cases qui touchent aux lettres « a ».

Écris, dans l'ordre, les lettres qui restent pour découvrir le livre que les parents font lire à leurs enfants dans les Treize colonies.

a	f	b	g	e
v	s	i	d	a
b	i	u	c	m
l	n	a	o	e

_____

7 Relie chaque région aux personnes qui enseignent aux enfants.

a) Nouvelle-France •

b) Colonies du Nord et du Centre •

c) Colonies du Sud •

• Professeurs privés

• Enseignants des écoles publiques

• Parents

• Religieux et religieuses

Compare la société des Treize colonies de 1745 à celle de la Nouvelle-France. Indique les aspects qui sont semblables et ceux qui sont différents en cochant la bonne réponse. Si l'aspect a changé, nomme ce changement à l'aide de mots-clés.

L'aspect de la société	La société canadienne en Nouvelle-France vers 1745	Les Treize colonies vers 1745	
Le territoire	Vaste territoire de l'Acadie à la Louisiane	☐ Semblable	☐ Différent
		_____	_____
Les cours d'eau ou étendues d'eau	Principal cours d'eau : fleuve Saint-Laurent	☐ Semblable	☐ Différent
		_____	_____
Les villes importantes	Montréal, Québec et Trois-Rivières	☐ Semblable	☐ Différent
		_____	_____
La langue et la religion	Français, catholique	☐ Semblable	☐ Différent
		_____	_____
La population (nombre)	55 000	☐ Semblable	☐ Différent
		_____	_____
La population (origine)	Français, esclaves et Autochtones	☐ Semblable	☐ Différent
		_____	_____
Les activités économiques	Principalement le commerce des fourrures, mais aussi l'agriculture, la construction navale et la forge	☐ Semblable	☐ Différent
		Nord : _____	
		Centre : _____	
		Sud : _____	
L'organisation politique	Roi de France Conseil souverain La population n'est pas consultée.	☐ Semblable	☐ Différent
		_____	_____
La force militaire	Miliciens : 12 500 Soldats : 7 000 Navires de guerre : 75	☐ Semblable	☐ Différent
		_____	_____

La société française en Nouvelle-France vers 1645

Population : 1 000 colons français (surtout des hommes), 40 000 Autochtones

Territoire : Basses-terres du Saint-Laurent et région des Grands Lacs

Langues : Français, langues autochtones

Religions : Catholique, spiritualités autochtones

Moyens de transport : Canot, bateau, marche, raquettes, charrette

Activités économiques : Commerce des fourrures, pêche à la morue, chasse à la baleine, agriculture, élevage

Organisation politique : Autorité absolue du roi de France, Compagnie des Cent-Associés, gouverneur

Groupes sociaux : Censitaires, nobles, Autochtones, soldats et miliciens, religieux, coureurs des bois, artisans

Alimentation : Pain de blé, soupe aux pois, lard, carottes, oignons, anguille, viande d'animaux sauvages

Vêtements : Comme les Français de la même époque avec des vêtements d'origine autochtone (mitaines, bottes)

Arts et divertissements : Musique

La société canadienne en Nouvelle-France vers 1745

Différences

Population: 55 000 colons

Territoire: Agrandissement du territoire vers le nord (jusqu'à la mer du Labrador), vers l'ouest (à l'ouest des Grands Lacs), vers le sud (jusqu'au golfe du Mexique)

Habitation: Maison en bois (dans les campagnes), maison en pierre taillée (dans les villes); division des terres (régime seigneurial)

Moyens de transport: Ajout de la calèche et de la carriole

Voie de communication: Chemin du Roy

Activités économiques: Ajout du commerce triangulaire avec la France et les Antilles françaises, développement d'industries artisanales, chantiers navals

Organisation politique: Colonie royale, Conseil souverain (évêque, intendant, gouverneur général), milice

Force militaire: 12 500 miliciens, 7 000 soldats français, 75 navires de guerre

Éducation: Peu importante; donnée par les religieuses

Arts et divertissements: Broderie, œuvres religieuses, chant, danse, échecs, billard, divers jeux de société

Les Treize colonies vers 1745

Différences

Population: 1 000 000 (colons anglais, esclaves, immigrants)

Territoire: Entre l'océan Atlantique et les Appalaches

Langue: Anglais

Religion: Protestante, religions diverses

Activités économiques: Commerce triangulaire avec la Grande-Bretagne et les Antilles anglaises; activités très diversifiées du nord au sud (pêche, commerce du bois, chantiers navals, agriculture du blé, élevage, industries, grandes plantations de tabac, de riz, de coton, etc.)

Organisation politique: Grande autonomie des colonies; un gouverneur et son conseil, et une Assemblée élue qui décide des lois par colonie

Force militaire: 20 000 miliciens, 23 000 soldats britanniques, 400 navires de guerre

Éducation: Importante; écoles publiques non religieuses, professeurs privés

Glossaire

Acadien : Habitant de la Nouvelle-France de la région des Maritimes.

Actionnaire : Personne qui possède en partie une compagnie et qui en tire des profits.

Allié : Personne avec qui on a fait un pacte, une alliance.

Ambassadeur : Personne qui représente son pays dans un pays étranger.

Animisme : Croyance qui veut que tous les éléments de la nature possèdent un esprit.

Arpenteur : Personne qui mesure la superficie des terrains.

Atout : Avantage.

Bombarde : Instrument à vent qui vient de la région de Bretagne, en France.

Bourgeois : Personne qui est à l'aise financièrement et qui possède beaucoup de biens.

Cabaret : Établissement où l'on sert à boire et à manger.

Cahoteux : Qui secoue les passagers d'un véhicule en raison des trous et des bosses sur le chemin.

Cartographe : Personne qui dessine des cartes géographiques.

Cartographie : Ensemble des techniques qui permettent de réaliser des cartes géographiques.

Catéchisme : Ensemble des valeurs et des principes de la religion chrétienne.

Charitable : Qui est généreux et bon envers les gens.

Chrétien : Personne qui pratique une religion qui est basée sur les enseignements du Christ. Les protestants et les catholiques sont des chrétiens.

Ciboire : Vase sacré à couvercle.

Colonie comptoir : Colonie qui a pour objectif de faire du commerce.

Colonie de peuplement : Colonie qui a pour objectif de peupler le territoire.

Colonie : Territoire gouverné par un pays étranger.

Colonisation : Action de s'établir sur un territoire étranger.

Communauté religieuse : Groupe de femmes ou d'hommes qui vivent ensemble et suivent des règles de vie religieuse.

Concéder : Accorder quelque chose comme une faveur.

Congrégation : Groupe de personnes religieuses.

Contrainte : Inconvénient, obstacle.

Convertir : Convaincre une personne d'adopter une autre religion que la sienne.

Corsaire : Marin qui commet des actes de piraterie contre les navires ennemis avec l'accord de son roi.

Coureur des bois : Commerçant français ou canadien qui parcourt le territoire à la rencontre des Autochtones pour échanger divers produits contre des fourrures.

Débarquer : Descendre d'un navire.

Défricher : Enlever le bois et les plantes d'un terrain pour pouvoir y faire des cultures.

Déporter : Expulser quelqu'un hors de son pays et lui interdire d'y revenir.

Diplomate : Personne qui représente son pays à l'étranger.

Diversifier : Faire varier.

Domestique : Personne qui assure le service dans une maison et voit à son entretien.

Embouchure : Endroit où un cours d'eau se jette dans un autre.

Entreprise artisanale : Petite entreprise dans laquelle des artisans fabriquent des produits à la main.

Épidémie : Progression rapide d'une maladie contagieuse dans la population.

Esclave : Personne sans liberté qui est au service d'une autre personne, considérée comme son propriétaire.

Essor : Développement rapide et continu.

Établissement : Lieu où s'installent les colons.

Fortification : Construction servant à défendre un lieu.

Fourrage : Herbe récoltée à la fin de l'été et conservée dans une grange pour nourrir les animaux.

Immigrant : Personne qui arrive dans un pays étranger dans le but de s'y établir.

Indigotier : Arbuste utilisé pour la production d'un colorant bleu foncé, l'indigo.

Ingéniosité : Caractère d'une personne inventive et habile.

Initiative : Action d'entreprendre quelque chose.

Innovation : Action d'introduire de la nouveauté dans un domaine.

Intendant : Personne responsable de l'administration d'un territoire au nom du roi.

Kwe : Mot utilisé par les Autochtones pour dire « bonjour ».

Langue régionale : Langue particulière à une région.

Lard : Graisse de porc.

Minerai : Roche dont on peut extraire certains éléments utiles comme des métaux.

Monnaie de carte : Carte à jouer au verso de laquelle le gouverneur indique la valeur qu'elle représente.

Négocier : Arriver à une entente par la discussion.

Noble : Personne de classe sociale privilégiée par naissance ou par décision du roi.

Orfèvre : Personne qui fabrique des objets d'art en métal précieux, comme des vases ou des chandeliers décoratifs, qu'on appelle de l'orfèvrerie.

Orphelinat : Établissement qui prend soin d'enfants qui ont perdu leurs parents.

Paratonnerre : Appareil qui sert à protéger une maison de la foudre.

Paroisse : Territoire sous la responsabilité d'un religieux qu'on appelle le curé.

Patrimoine culturel : Bien qui est considéré comme l'héritage culturel commun d'une population.

Péché : Faute ou action contraire aux règles de la religion catholique.

Pénurie : Manque ou rareté de ce qui est nécessaire.

Permanent : Constant, durable, continuel.

Petite vérole : Maladie souvent mortelle qui se caractérise par des boutons sur la peau.

Plaine : Grande étendue de terrain plat.

Plateau : Grand terrain plat, souvent en hauteur, dans les montagnes.

Poste de traite : Lieu où les Autochtones et les Européens se rencontrent pour échanger des biens.

Prospérer : S'enrichir, progresser.

Protestant : Personne qui pratique une religion chrétienne rejetant l'autorité du pape.

Régiment : Grand groupe de soldats de l'armée de terre dirigé par un colonel.

Religion catholique : Religion chrétienne qui reconnaît l'autorité du pape.

Restauration : Réparation d'une construction pour la remettre le plus près de son état d'origine.

Rituel : Ensemble de gestes et de pratiques toujours faits de la même façon.

Sainte : Femme reconnue par le pape comme ayant eu une vie religieuse exemplaire.

Scorbut : Maladie mortelle causée par un manque de vitamine C.

Seigneur : Propriétaire d'une ou de plusieurs seigneuries.

Seigneurie : Ensemble de terres données à une personne ou à un groupe de personnes pour développer l'agriculture.

Tannerie : Endroit où l'on transforme les peaux en cuir.

Tisserand : Personne qui fabrique des tissus.

Traité : Accord signé entre deux ou plusieurs nations.

Uniformisation linguistique : Moyens adoptés pour que tous parlent une même langue.

Sources
iconographiques